美了千年

———

宋代文物里的故事

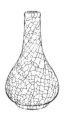

金陵小岱 著

美了千年

宋代文物里的故事

山东人民出版社

国家一级出版社 全国百佳图书出版单位

图书在版编目（CIP）数据

美了千年：宋代文物里的故事 / 金陵小岱著. --济南：山东人民出版社, 2022.3

ISBN 978-7-209-13551-1

Ⅰ.①美… Ⅱ.①金… Ⅲ.①文物—中国—宋代—青少年读物②中国历史—宋代—青少年读物 Ⅳ.①K871.44-49②K244.09

中国版本图书馆CIP数据核字(2022)第003035号

美了千年·宋代文物里的故事

MEI LE QIANNIAN · SONGDAI WENWU LI DE GUSHI

金陵小岱　著

主管单位　山东出版传媒股份有限公司
出版发行　山东人民出版社
出　版　人　胡长青
社　　　址　济南市市中区舜耕路517号
邮　　　编　250003
电　　　话　总编室（0531）82098914
　　　　　　市场部（0531）82098027
网　　　址　http://www.sd-book.com.cn
印　　　装　天津中印联印务有限公司
经　　　销　新华书店

规　　　格　16开（166mm×230mm）
印　　　张　14
字　　　数　145千字
版　　　次　2022年3月第1版
印　　　次　2022年3月第1次
ISBN　978-7-209-13551-1
定　　　价　46.80元

如有印装质量问题，请与出版社总编室联系调换。

前言

　　薄如蝉翼的素纱单衣、暗藏"高科技"的长信宫灯、解开"秘色"之谜的青釉盘碗、记录苏轼落寞时光的《寒食帖》、"藏着宇宙星空"的神秘茶盏……

　　历经沧桑的文物，是从历史中走来的"精灵"，它们不仅默默见证了社会发展，还承载着悲欢离合、酸甜苦辣的百味人生。它们不应该只被收藏于博物馆中，更应该融入鲜活的世界和美好的时代，走进我们的生活，成为给予我们人生启迪的"最佳拍档"。正如习近平总书记所强调的，要"让文物说话、把历史智慧告诉人们，激发我们的民族自豪感和自信心"。

　　"让文物说话"，简单而又生动的一句话，给了文物极好的定位和舞台。在这样的背景下，"文物里的故事"丛书应运而生。本丛书主要选取有代表性的中国汉、唐、宋三朝的经典文物，将它们置于具体的历史情境中，以故事的形式讲述它们的由来、历史影响、文化底蕴等。

文物是有"生命"的，它们不仅会"说话"，而且有"温度"。书里通过文物讲述的故事中，既有踌躇满志的激情，也有壮志未酬的悲叹，既有让人由衷赞叹的高洁，也有令人哭笑不得的荒诞……当大历史与小文物融合在一起，历史上存在过的人、史料中记载过的事，通过一件件文物的轮廓、纹理、色彩变得具体、生动起来。有些文物虽是域外不同时期的作品，但讲述的是中国故事、传承的是中国文化，同样值得我们认识和了解。

　　"让文物说话"，也是让我们与文物"对话"，找到属于中国人的智慧和信念。所以，在通过文物讲故事的同时，本丛书还介绍了文物所承载的丰富内涵，比如鲜为人知的科学原理、超越时代的环保意识、与众不同的东方审美等，全方位、立体化地展现了中国古代的智慧和创造精神，让大家在读懂故事、了解文物的同时深受启迪。

　　本丛书集知识性、文化性、趣味性于一体，除了具有内容丰富、知识权威、话题感强、阅读轻松的特点，还配有大量精美插图，以及可以涂色、连线、做选择的互动小专题，帮助大家读得下去、动得了脑、上得了手，真正让原本"沉默不语"的文物变成"能说会道"、生动鲜活的可爱"精灵"。

目录

1

第二章　聚珍赏萃尽显极致风流

第三章　显微镜下的历史细节

| 北宋 王希孟《千里江山图》（局部）

第一章 字画中的风雅宋

韩琦《信宿帖》：
两个有趣灵魂的隔空"干杯"

给欧阳修的一封感谢信

我们现代人对别人表示感谢的时候，通常会用打电话或发信息的方式。假如想再正式点的话，最多也就是当面感谢或发个邮件吧！可是在一千多年前的宋朝，古人想要表达谢意，那就得认真地写一封感谢信。这封信极有可能辗转数月才能到达对方的手里，想必收信人读来也会感慨万千。很多古人的信札也随着岁月的洗礼，渐渐地成了文物，安静地躺在博物馆里，后人至今还能读出字里行间的温情。

《信宿帖》就是其中之一。写信人是韩琦，收信人是欧阳修。《信宿帖》是韩琦感激欧阳修为其作《昼锦堂记》的谢启。这封信不仅承载了文人之间往来的一段佳话，而且展示了北宋时期的书法风貌。

| 北宋 韩琦《信宿帖》

衣锦还乡？北宋名相韩琦不以为然

　　韩琦是北宋时期著名的政治家、军事家，他为相十载、辅佐三朝，为北宋的繁荣发展做出了巨大的贡献。就这样，韩琦兢兢业业几十年。到了1068年，某天韩琦对着镜子，看着自己花白的头发与胡须，感慨万分："啊！原来我已经这么老了！"说完这句话，韩琦做了个重大的决定，于是他去拜见了宋神宗："官家啊，臣年事已高，想引退还乡，回相州（今河南安阳）养老。"宋神宗一听慌了，韩琦这么好的辅佐大臣就这样申请退休了？这可不行！神宗几乎是用恳求的语气对韩琦说道："韩卿啊，可否多留几年？"韩琦叹了口气："官家，臣已逾花

| 清 萧晨《韩琦昼锦堂图》（局部）

甲，年老体弱，难免会贻误军机大事，您就恩准臣告老还乡吧。"韩琦话都说到这个份儿上了，宋神宗也不好再说什么，他不舍地看着韩琦："韩卿，既然你执意要走，那么就去相州做司空兼侍中通判吧！"

韩琦回到相州后，在州衙内修建了一座楼阁。虽然年纪大了，但韩琦有点调皮，他给这座楼阁取了个名字，叫"昼锦堂"。取这个名字，背后自然是有典故的。据《史记·项羽本纪》记载，当年西楚霸王项羽攻占咸阳之后，有人劝他定都，但项羽是个有乡土情结的人，他急着回江东，说道："富贵不归故乡，如衣绣夜行，谁知之者！"大富大贵了还不回乡，那岂不是跟穿着锦衣在夜里走路一样，谁看得到啊！韩琦才不认为项羽说得对呢！他就故意给自己的楼阁起了个名字叫"昼锦堂"。对，我就是要黑夜穿着锦衣走路，怎么样！单是自己开心还不行，得为这个昼锦堂找个"代言人"，于是韩琦请当朝大文豪欧阳修为他的楼阁写了篇文章，这就是后来著名的《昼锦堂记》。

欧阳修写的这篇《昼锦堂记》，简直就是写给韩琦的表扬信。欧阳修内心对韩琦充满敬重，他在文中如此赞誉韩琦：魏国公（韩琦）在面临重大事件时，表现得非常稳重，衣带齐整，执笏端正，不动声色，把国事置放得如泰山般安稳，绝对是国家的重臣。此处欧阳修并不是单单指韩琦面对重大事件时看上去稳重且端庄，而是想通过韩琦的衣带齐整与执笏端正来赞美他公正严明，处理国家大事时没有私心，这对官员来说，是极为难得的品质。

韩琦原本只是想让欧阳修给他的楼阁做个"代言人"，万万没想到

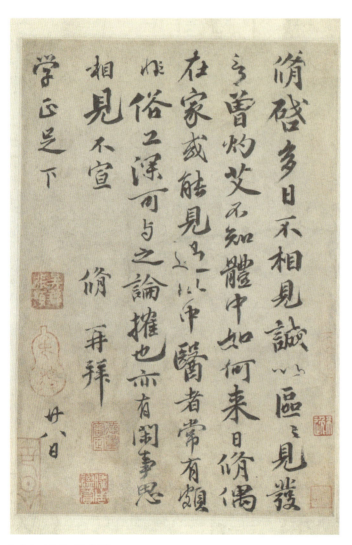

| 北宋 欧阳修《灼艾帖》

会得到欧阳修如此之高的评价。为了向欧阳修表示感谢，韩琦给他写了封感谢信，也就是这封《信宿帖》。

古代的文人不喜欢浮夸，做人都非常谦虚，韩琦也是如此。虽然韩琦对国家的贡献绝对配得上欧阳修写的《昼锦堂记》，但他看后表现得有点"害羞"。他在这封《信宿帖》中，先是对欧阳修表达了感谢，然后赞美了欧阳修的文笔"雄辞浚发""奔腾放肆""势不可御"，最后他"羞答答"地表示："哎哟，您对我的赞美太夸张了，我哪里有这么好哦！这看得我好开心，可是又有点不安……"这便是《信宿帖》背后的故事。它是文人之间的书信往来，更是两个挚友的惺惺相惜，他们互相欣赏、互相懂得、互相敬重，这份情谊才是这封《信宿帖》中最可贵的地方。

偏爱颜真卿，重其书，兼取其为人

不仅如此，《信宿帖》还有极高的艺术价值，它向我们展示了北宋时期的书法风貌。北宋时期流行颜体，生活在这样一个书风取向的时代，韩琦也深受颜体影响。

韩琦作为一名正臣，内心敬重颜真卿的人品，偏爱颜真卿的书法。字如其人，韩琦写的"颜体"自成一家，字体看上去正直、朴质、倔强、内没外溢，这与韩琦的人品和胸襟是分不开的。北宋的政治家、书法家文彦博在《文潞公文集》卷六《寄相州侍中韩魏公》中赞道："晋公（韩滉）名画鲁公书，高出张吴（张僧繇、吴道子）与柳虞（柳公权

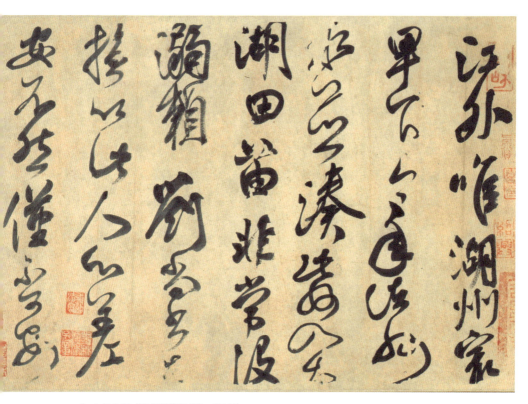

| 唐 颜真卿《行书湖州帖卷》（局部）

与虞世南）。幸得魏公挥宝墨，缘公楷法亦颜徒。"《信宿帖》正是韩琦书法的代表作。

在《信宿帖》的后面，我们会看到一些字迹，那是历代收藏这封信札的各大收藏家所题写的跋文。《信宿帖》上还有一些印玺，如乾隆御览之宝、御书房鉴藏宝、乾隆鉴赏、嘉庆御览之宝、宣统御览之宝、三希堂精鉴玺等。这些印玺都是清朝几代皇帝的鉴赏章，是皇帝御用观览宝物的印玺，反映了这封信札在北宋以后的大致流传过程。

仔细看《信宿帖》，从元代到清代总共有 14 位收藏者，共写了 13 段跋文。这些收藏家分别是蔡景行、泰不华、杨敬德、祝蕃、班惟志、郝时升、王景平、赵季文、李齐、张圣卿、李懋、陈梁、王鸿绪、高士奇。在这些收藏家里，高士奇是最后一个在韩琦的信札上题跋的人，后来他将《信宿帖》献给了乾隆皇帝。乾隆皇帝看后非常喜欢，把它纳入了《三希堂法帖》当中。从这些题跋的内容上看，收藏家们对韩琦的人品、为人处世以及功绩都有着极高的赞美，看来欧阳修的那篇《昼锦堂记》完全没有夸张。韩琦如果知道后来有这么多人赞美他，大概就不会那么"羞答答"了吧！

这封《信宿帖》经历了岁月的洗礼，早已不单单是一封感谢信，它有温度、有感情、有思想，让我们看到了两个正直且有趣的灵魂在隔空"干杯"。

四相簪花：韩琦也是个爱美的男子

韩琦不仅拥有有趣的灵魂，还有一颗爱美的心。据载，韩琦在扬州当官时，官署后园有一株芍药，其中有一枝芍药分了四个枝杈，每杈各开一朵花，上下红，中间有一圈黄蕊，这样的芍药被称为"金缠腰"（后又称"金带围"）。当时民间有一个传说，只要出现这种花，城内就要出宰相。韩琦觉得这个说法很奇异，于是约上了另外三位朝官一起赏花，以应四花之瑞。

当时王珪以大理评事为扬州通判，王安石以大理评事任淮南判官，这两人当时都在扬州，韩琦就把他们请过来了。

那么，还差一人，韩琦就以州钤辖诸司使充数。谁知第二天，钤辖使忽然腹泻不能来，韩琦就临时拉了一位路过扬州的朝官陈升之（一说是吕公著）来参加赏花会。

四个人凑齐后，韩琦把这四朵花摘了下来，每人头上各戴一朵。脑补一下这个场面，四个大男人头上各簪花一朵，想想就好有趣。更神奇的是，三十年过后，这四个簪花男子都担任了宰相。

这个故事可不是民间乱传的，沈括的《梦溪笔谈》就曾记载过，后又见于《后山谈丛》《墨客挥犀》等多种笔记。

宋 佚名《芍药图》

　　《千字文》原名为《次韵王羲之书千字》，是我国古代幼童启蒙读物之一，是一篇由一千个不重复的汉字组成的文章。书法史上，很多书法家都写过《千字文》，比如文徵明、宋徽宗赵佶、赵孟頫，你能分辨出下面几幅作品分别出自哪位书法家之手吗？

A

B

C

D

苏轼《寒食帖》：
记录了苏轼人生中最落寞的一段时光

北宋 苏轼《寒食帖》台北故宫博物院藏

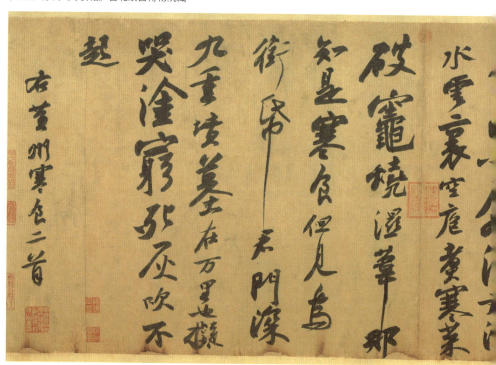

与苏轼同样颠沛流离的《寒食帖》

在古代，有一个传统节日——寒食节，习俗很奇怪，在那天，竟然不准使用烟火，所以古人就只能靠吃些冷食来果腹。这卷被称为"天下第三行书"的《寒食帖》自然与寒食节有关，它由北宋著名文学家苏轼撰写并书，墨迹素笺本，横 34.2 厘米，纵 18.9 厘米，行书 17 行，129 字。

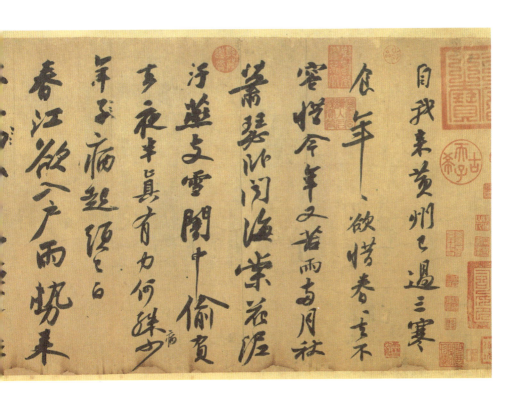

其实对苏轼，我们一点都不陌生，很多人都能吟咏出几句他的诗词，比如"但愿人长久，千里共婵娟""老夫聊发少年狂""大江东去，浪淘尽，千古风流人物"……他广阔的胸襟与旷达乐观的精神一直被世人所称道，但再快乐的人也会有失意悲伤的时刻，这卷《寒食帖》就是苏轼在悲伤到极点时写下来的诗。

1080 年，苏轼因"乌台诗案"受诬陷被贬为黄州团练副使。因为之前曾被捕入狱四个月，苏轼饱受欺凌，到黄州后，他生了一场病，几乎断送了仕途。黄州在当时既偏僻又穷困，气候也不好，苏轼又是被冤枉的，心里总有些难受。在写这卷《寒食帖》的时候，已经是苏轼被贬到黄州的第三年。

那段时间，黄州春雨连绵，足足下了两个月，到处都湿漉漉的，天气又冷，而那春雨完全没有停下来的意思。可怜的苏轼住在一间小屋子里，外面的雨没完没了地下，整间小屋子就像一叶渔舟，漂流在苍茫的烟雨中。苏轼望着窗外的雨，叹了口气："算了，还是弄点吃的吧。"结果一去厨房，发现厨房比他的胃还空，只能煮点蔬菜。想用柴火煮蔬菜，结果连柴火都没有，只好在破灶里烧点湿芦苇。就在这个时候，窗外传来了"啊！啊！啊"的鸟叫声，一只乌鸦飞过，这只乌鸦的嘴里竟叼着纸钱，苏轼这才想起今天是寒食节。在饥寒交迫与无比的孤独中，苏轼内心顿生悲凉，潸然泪下，于是动笔写下了这卷《寒食帖》。因为是在黄州，所以这卷《寒食帖》又被称为《黄州寒食帖》或《黄州寒食诗帖》。

苏轼《墨竹图》

仕途坎坷，苏轼为何一路被贬至黄州

那还是在宋神宗执政期间，王安石发动了一场社会变革运动，也就是历史上著名的"王安石变法"，又称"熙宁变法"。这场变法实行不足一年，朝廷里的官员们就围绕变法产生了激烈的论辩及斗争。拥护变法的官员被称为"新党"，反对变法的官员则被称为"旧党"。苏轼既不是新党，也不是旧党，但他很有自己的想法与判断，于是耿直的他在熙宁四年（1071年）给宋神宗上书，谈论了新法的弊病。神宗在心底是支持变法的，想着苏轼这么个刺头留在京中也不是个事儿，就授苏轼为杭州通判。

　　一晃数年过去了，这些年里，苏轼也没闲着，他先是在杭州做通判，后在密州、徐州做知州，他兴修水利、治水抗疫，忙得不亦乐乎。到了元丰二年（1079年），苏轼已经43岁了，这一年他被调往湖州当知州。到岗后，按照惯例，苏轼给神宗写了一封述职报告《湖州谢上表》。这原本应该是一份中规中矩的公文，但苏轼不在公文里抒发一下

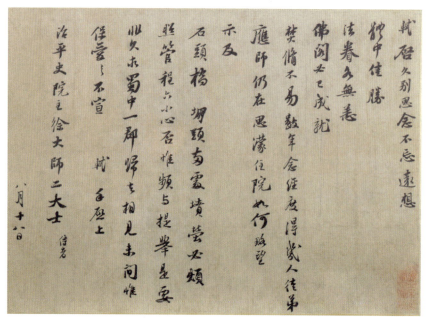

《治平帖》字体清秀、笔法劲爽，为苏轼早期行书的代表作，是苏轼写给乡僧托管坟茔之事的信札

他的感慨，简直就浑身难受！他在文中写道："知其愚不适时，难以追陪新进；察其老不生事，或能牧养小民。"苏轼原本只是想感慨一下自己老了，不能与朝廷里新提拔的年轻人相比。而那段时间，朝廷里提拔的都是王安石的人，苏轼没多想，但不怀好意的人多想了，他们跑到宋神宗面前告状："官家，这个苏轼在讽刺变法呢！还说跟我们一道就是在同流合污！更可恶的是，他还说我们这帮年轻人瞎折腾！官家您要为我们做主啊！"

宋神宗面露愠色，新党趁机挑唆，对苏轼的这篇公文进行了断章取义的解释，摘引"新进""生事"等语上奏，称苏轼"衔怨怀怒""包藏祸心"，又讽刺朝廷，莽撞无礼，对天子不忠等，总之一句话："官

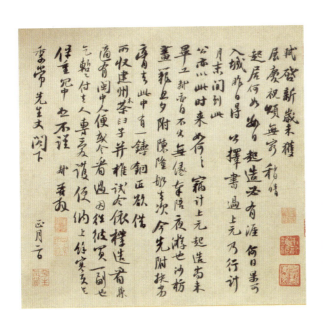

苏轼《新岁展庆帖》
苏轼写给陈慥（季常）
的书札，相约陈慥与公
择（李常）同于上元时
在黄州相会之事

家啊，苏轼犯了这么多条大罪，死有余辜，就看你杀不杀他！"

宋神宗是有顾虑的，于是先把苏轼关进了大牢。新党想置苏轼于死地，但单靠这么一份述职报告未免也太牵强了。很快，新党在苏轼过往的诗文里找出了个别句子，断章取义，强行给苏轼安罪名，这在历史上被称为"乌台诗案"。比如这句"读书万卷不读律，致君尧舜知无术"，苏轼只是谦虚一下，说自己没有把书给读通，所以没办法帮助神宗成为尧、舜那样的圣人。这些找碴的新党就告诉宋神宗："官家，您看，苏轼在说您没有能力教导臣属！"又比如苏轼写了句"岂是闻韶忘解味，迩来三月食无盐"，新党抓住里面的几个字又告状："官家，苏轼在讽刺'禁止民间买卖私盐'的新规……"几轮找碴、告状下来，宋神宗感觉脑壳疼，差点气出高血压，他一秒都容不下苏轼了。若不是太祖赵匡胤定下了不许后代杀文人的规矩，估计苏轼早就被杀了。

有人想让苏轼死，自然也有人想让苏轼活。关键是想让苏轼好好活着的人还不少，于是朝野上下也对苏轼展开了救援行动。与苏轼政见相同的许多元老自然会上书求情，一些变法派的有识之士也上书劝谏宋神宗不要杀苏轼。当时，变法的发起人王安石已经退休了，在金陵安享晚年，听说苏轼出事了，竟也上书："安有圣世而杀才士乎？"是呀，哪里有把这么一个才华横溢的士大夫杀了的道理！于是，在救援大队的一致努力下，这场诗案就因王安石"一言而决"，苏轼被从轻发落，贬为黄州团练副使。说起来好像是有个官职在身，实际上苏轼的这个官职是个空壳，他并没有任何权力，甚至连自由都没有，还得受当地官员的监

| 苏轼《木石图》

察。这个事件，对苏轼而言是一次巨大的打击，也是他的人生转折点，被贬黄州后，他迎来了一生中的创作巅峰。

经历三次大火却屡屡逢凶化吉

苏轼有无数著名的书法作品，但《寒食帖》被世人认为是他最好的行书作品。因为这卷《寒食帖》笔端流露的是苏轼最真实的心境，无论内容，还是行笔，它都是有温度、有感情的。同样，《寒食帖》是苏轼中年时期书法风格发生质变的代表作。从书法赏析的角度看，它集合了清秀与朴拙、圆柔与刚健、紧密与舒朗。细看《寒食帖》上的两首诗，第二首明显比第一首的字形偏大，这像不像我们心情不好的时候，故意在草稿纸上用夸张的字体表达自己的心情？苏轼也不例外，这种字形的

| 苏轼《古木怪石图》

改变，仿佛是有一种按捺不住的情绪流露在了他的笔端。但苏轼毕竟是书法大家，他即使有情绪，写出来的字并不是没有章法的，而是自有他运笔的节奏。

这卷写于苏轼人生中最悲痛时刻的《寒食帖》，在冥冥之中与苏轼有点"同病相怜"，苏轼的人生是屡遭贬谪，《寒食帖》是屡遭火灾，它与其余的藏品不一样，可谓颠沛流离。据公开的鉴藏资料记载，《寒食帖》在1860年经历了火烧圆明园的劫难后，流落民间，之后被日本藏家菊池惺堂收藏。到了1923年，日本关东大地震，从而引发了东京大火，菊池惺堂冒着生命危险将《寒食帖》从烈火里抢救了出来。所以，细心的人会发现，《寒食帖》的下方有些焦痕，正是这两次火灾造成的。震灾结束后，菊池惺堂又将《寒食帖》寄藏于友人内藤虎斋中。

| 苏轼《覆盆子帖》台北故宫博物院藏

结果，第二次世界大战爆发，东京屡遭美国空军轰炸，《寒食帖》却很幸运地被保存了下来，安然无恙。

然而《寒食帖》一直流失海外，这难免让国人有些耿耿于怀，于是第二次世界大战一结束，国民政府外交部长王世杰就嘱咐友人在日本访觅《寒食帖》。在得知《寒食帖》的下落后，王世杰以重金赎回，并题跋于帖后，简略地叙述了其流失日本以及从日本回归中国的大致过程，《寒食帖》终于回到了祖国的怀抱，至今仍珍藏于台北故宫博物院。

我们谈及苏轼，总是会赞美他的旷达与乐观，提及他被贬黄州的那段岁月，总是会想起他的《赤壁赋》，想起他那些为人津津乐道的故事。可《寒食帖》让我们看到了苏轼在人生低谷最落寞时的真实心境。

寒食节知多少

寒食节是中国传统节日，在冬至后的第 105 日，清明节前一二日。寒食节当天，严格禁火，也不能生火煮饭，更不能用火照明。据说官府的人会把鸡毛插入灰烬中查验，如果鸡毛被烧焦，这家人就会被抓起来。

关于寒食节的起源，史籍上记载了这样一段故事：早在春秋时期，晋文公重耳为躲避祸乱而流亡他国长达 19 年，他的大臣介子推始终追随左右，不离不弃。在最艰难的时候，重耳饥饿难行，介子推甚至割掉自己大腿上的肉供重耳充饥。好在重耳励精图治，成了一代明君。此时的介子推选择了功成身退，不求功名利禄，与母亲归隐绵山。晋文公为了让介子推下山与他相见，居然下令放火烧山，谁料介子推坚持不下山，最终被大火焚烧而死。晋文公对此很内疚，为感念介子推的忠诚，将其葬于绵山，修祠立庙，并下令在介子推死难之日禁火，只吃寒食，以寄哀思。这就是"寒食节"的由来。

一直到了明清以后，寒食节的禁火习俗才被废止。寒食节徒有其名，它的很多习俗被融入清明节，这个节日也渐渐地被人淡忘。

苏轼爱美食,他的餐桌上可能出现的水果是( )。

A. 菠萝

B. 草莓

C. 石榴

D. 苹果

李公麟《五马图》：
画笔刚落，御马满川花便离奇死亡

"宋画第一人"的"天下第一白描"

大约在一千年前，大宋朝的骐骥院里来了一个看上去有些奇怪的男子。他穿着青色的衣衫，头戴幞（fú）巾，不言不语，两眼直勾勾地盯着马厩。他已经连续在这里坐了好几天了，仿佛有所思，但始终没有说什么。骐骥院里的小吏也盯了他好几天了，心想："若是坏人的话，他应该早就动手了吧？莫非他一直坐在这里，是有难言之隐？"于是，这位好心的小吏前去与这位奇怪的男子打招呼，但他看马看得太专注了，压根没有听到小吏叫他。小吏嘀咕了一句"真是奇怪"，就继续去干他的活儿了，毕竟这个"怪人"也不会折腾出什么"幺蛾子"来。

大概这位小吏不会想到，他眼前的怪人竟然是后来被誉为"宋画第一人"的大画家李公麟。他连续几天坐在这里，仅仅是为了仔细观察这些西域马，回家后，再将它们的形态一一画出来。终于，整个骐骥院的人都知道这个怪人的存在以后，李公麟不再去骐骥院了，他去了好友黄庭坚家："贤弟啊，我在这骐骥院坐了十几天后，决定画马厩里的这五匹马。"黄庭坚翻了翻李公麟这些日子以来画马的手稿，大吃一惊，果然艺术要靠敏锐的观察力！李公麟这些日子画马的手法又精进了不少，越发生动传神，最终他们俩商定，要将马厩里最俊逸非凡的五匹马画下来。

在经过漫长的创作以后，这幅被称为"天下第一白描"的《五马图》诞生了。它纵 29.3 厘米，横 225 厘米，纸本浅设色。这幅《五马图》有个非常突出的特点，那就是你在看马的轮廓时，能感觉到它的骨骼与肌肉，略加烘染后，又似乎能在画面上感觉到它的皮毛和斑纹。这个特点后来成了一种独立画科，叫"白描"。白描，我们曾在语文课上学过，它是一种文学表现的手法，指用朴素简练的文字描摹形象。换成

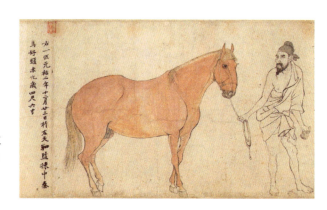

北宋 李公麟《五马图》之好头赤

绘画，同样如此，白描指的是单用墨色线条勾描形象，不加以藻饰与渲染烘托的画法。在这幅《五马图》中，李公麟真的把当初与黄庭坚商定的五匹骏马画了出来。这五匹马各由一名奚官牵引着，每匹马后都有黄庭坚的题字，写了马的年龄、进宫时间、马的名字以及被收于哪个马厩等。我们平日里看到骏马，只会注意到它们的颜色或体形，但李公麟笔下的骏马不一样，它们各有特色，令人充满遐想。

画得好的骏马长什么样

画中最为高大的一匹马名叫"凤头骢（cōng）"。这是一匹典型的西域马，李公麟赋予了它遒劲而不失秀雅的线条，将它的肌肉与骨骼绘得十分逼真。按理说，如此高大的骏马，是不是应该把它画得威风凛凛？但李公麟偏不，他选择了画这匹凤头骢安静的状态。在安静的状态下，反而能将几欲在肌肉与骨骼中爆发的强劲与威力处理得更有"力量感"。牵着凤头骢的奚官是一个西域人，李公麟将他的五官、表情、衣

北宋 李公麟《五马图》之凤头骢

服都画得精致入微，好像他牵着凤头骢就要来到我们的面前一样。关于这凤头骢，还真有来头。据《续资治通鉴长编》记载考证：元祐二年（1087 年），游师雄受命出兵破洮州，当年六月就生擒了羌族大首领酋鬼章。这场仗，大宋朝打得非常漂亮，取得了巨大的胜利，宋哲宗当然是高兴得不得了，他不仅专门遣使去他父皇神宗的永裕陵前焚告，还要奖赏这场战事中的众多将士。

就在此时，于阗（tián）国前来朝贺，使者对宋哲宗说："大宋天子，这是我们于阗国的国宝——宝马'凤头骢'，现将它献给您！"据说这匹凤头骢，如画中一样，身形健壮，虎脊豹章，当它走入天驷监后，振鬣（liè）长鸣，万马皆喑。

凤头骢后面的那两匹骏马，分别名为锦膊骢与好头赤。锦膊骢是一匹青白色的骏马，它的右前膊有着大片鲜明的花斑，因此而得名。画中的锦膊骢马步渐起，它由一名头戴毛皮帽的胡人奚官牵引而行，这位奚官表情非常谨慎，生怕出差池，但锦膊骢倒是很淡定，目光望着前

北宋 李公麟《五马图》之锦膊骢

方。好头赤是一匹棕色的骏马，它的体形也非常健壮，画中的它低着头，想往前走，而牵着它的奚官与前两位不同。这位奚官也是西域人，他头上扎着幞巾，光着两条腿，身上仅仅裹着一件上衣，还露出了半个肩膀，他的表情看上去非常"酷"，似乎在对好头赤说："快快往前走，你必须听我的话！"好头赤可是一匹很有名的骏马，苏东坡曾在《戏书李伯时画御马好头赤》中写道："岂如厩马好头赤，立仗归来卧斜日。"而黄庭坚也参与了这个超级话题，他写了一首《和子瞻戏书伯时画好头赤》，诗中如此赞美好头赤："精神权奇汗沟赤，有头赤乌能逐日。"看看，李公麟画的这匹好头赤都可以逐日了！

在《五马图》中，有一匹很特殊的骏马，名叫"照夜白"。这个名字怎么听上去有些熟悉？原来早在大唐玄宗时期，大宛国曾经进贡过两匹汗血宝马，一匹纯白，一匹杂色，杂色骏马取名"玉花骢"，而那匹纯白色的骏马便叫"照夜白"。这宋代版的照夜白在李公麟的画笔下简直太传神了！画中除了缰绳和鞋帽，骏马与奚官完全靠几条线来展现。

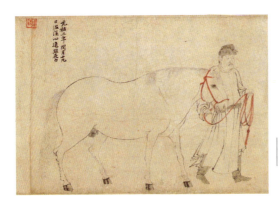

北宋 李公麟《五马图》之照夜白

只见这照夜白的腹部、背部、臀部以及胸部的线条都是依着马体结构浓淡起伏，看上去圆劲而富有弹性，我们甚至能感觉到照夜白的肌肉在抖动。更传神的是照夜白的鬃毛与马尾，笔法行云流水，却又飘逸俊朗。

满川花是被画家画死的？

不过最具神奇色彩的当数"满川花"。满川花这匹骏马，浑身都是花斑。据南宋人周密在《云烟过眼录》中记载，这匹马是宋哲宗元祐三年（1088 年）正月上元节那天，西域进献给北宋朝廷的。宋哲宗非常喜欢这匹骏马，给它取名"满川花"。不过这匹骏马有点不幸，李公麟画完不久，它就猝然死去了。这虽然是个巧合，却让李公麟心里非常郁闷。他去找黄庭坚说道这件事情，黄庭坚一听，握住了李公麟的手赞叹地说道："龙眠兄啊，你知道吗？你这是画杀满川花呀！正是因为你画得太传神了，于是夺去了这匹马的魂魄，它就死了！"黄庭坚又把这件事情告诉了曾纡："贤弟，我告诉你一个秘密，李公麟这个绘画手法太

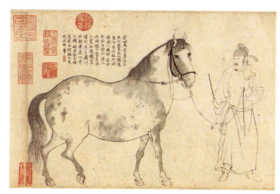

北宋 李公麟《五马图》之满川花

| 北宋 李公麟《摹韦偃牧放图》（局部）

传神了，骐骥院里的那匹满川花正是因为被画得过于逼真，被画夺走了魂魄，很快就死了！这件事情，很值得写一篇文章纪念一下啊……"不过黄庭坚说归说，直到后来曾纡见到这幅《五马图》时，他还是没有动笔。看着《五马图》，曾纡一边惊叹李公麟绘画手法的高超，一边脑海里回忆起了与黄庭坚相处时的种种，他睹物思人，于是替黄庭坚把这件他认为很值得一写的事情写了下来。于是，曾纡在《五马图》跋文中写道："异哉，伯时貌天厩满川花，放笔而马殂矣。盖神骏精魄，皆为伯时笔端取之而去。实古今异事，当作数语记之。"

没想到，黄庭坚赞美李公麟绘画水平高超的这句"画杀满川花"，传到了骐骥院里。当李公麟再次来到骐骥院时，他想再观察观察马厩里的马，此时那名小吏赶紧冲了出来："李大师啊，您行行好吧！为了我

曾纡题跋《五马图》

们马厩里骏马的生命安全，您就别来我们这里了！万一您再画性大发，回去画几幅，我们这马厩又得死几匹骏马，我们也不好交代啊……"太扎心了，原本只是朋友间安慰的话语，现在却让李公麟连骐骥院都不能去了……李公麟只好忧伤地回去了。

传言变得如此真实，李公麟只能怪自己太优秀。他早在 21 岁就踏上了仕途，在朝为官 30 多年，对政治，他始终提不起什么兴趣。他的一生只专注于绘画，善画马，他的白描画作被称为"当世第一"。黄庭坚称赞："李侯画骨不画肉，笔下马生如破竹。"而苏东坡对"龙眠居士"李公麟笔下的马尤为偏爱，曾言："龙眠胸中有千驷，不独画肉兼画骨。"单是这一句似乎还不能体现出苏东坡是李公麟的粉丝，但你知道吗？实际上苏东坡足足为李公麟写了 40 多首诗。可见他对李公麟的画作是多么欣赏。

除了苏东坡和黄庭坚，宋徽宗也是李公麟的粉丝。他曾授意编著《宣和画谱》，该画谱总共收录魏晋至北宋画家 231 人，而李公麟一个人的作品就多达 107 件，其中最具代表性的就是这幅《五马图》。这幅《五马图》最初被收藏于宋内府，之后因朝代的变更，又被柯九思、张霆发等人收藏。乾隆时期又被收入了清宫，这期间虽几经辗转，但仍然流传有序。一直到清朝灭亡时，溥仪假借赏赐的名义，将这幅画连同一些古玩盗出皇宫，再后来这幅画流传到了日本。人们都以为它已毁于战火，没想到在 2019 年日本东京国立博物馆举办的"颜真卿：超越王羲之的名笔"展中，它再次现身。

澄心堂纸

宋代宫廷内收藏了大量李公麟的画作，记录宫廷所藏绘画的《宣和画谱》中就记载了他的作品 107 件。然而经过 900 多年的辗转，李公麟真正流传下来的作品少之又少。尤其是这幅《五马图》，虽然确定存世，但真迹不知所终……

关于《五马图》的真迹，一直都是一个谜，最广为流传的说法是《五马图》被日本收藏家购得后，毁于战火，于是人们放弃了对《五马图》真迹的追踪。万万没想到的是，2018 年 12 月 19 日，日本东京国立博物馆公布了"颜真卿：超越王羲之的名笔"特展的展品清单，"李公麟《五马图》"赫然出现，还公布了几张真迹的局部。

据载，《五马图》真迹还有一个特点，那就是用澄心堂纸画的。这澄心堂纸据说是南唐后主李煜所制，澄心堂纸素来有"肤卵如膜，坚洁如玉，细薄光润，冠于一时"的美誉，在当时就价值千金。宋代的文人雅士看到澄心堂纸后都激动不已，还专门写诗赞美它，而有勇气在澄心堂纸上书画的人更是少之又少，李公麟便是有勇气的那个。

根据下面这幅骑马图，发挥你的想象力去涂色，创作一幅属于你的作品。

米芾《研山铭》：
为一块石头，米芾写下了旷世书法

| 米芾《研山铭》卷

狂人米芾，39 个字营造超凡意象

"古筋、皮肉、脂泽，风神俱全，犹如一佳士也。稳不俗，险不怪，老不枯，润不肥。"这是北宋书法家米芾对其书法风格的自评，见过夸自己的，但夸得这么超凡的，还真不多！如此看来，米芾应该是个很有趣的人。这样有趣的人，其书法作品也很特别。

米芾书法作品最大的特点就是不局限于古人的用笔用墨，他喜欢在古人的基础上进行创新。他将自己的感情通过字形的变化、墨色的浓枯、章法的疏密表现出来。可以说，米芾的作品，不单单是一幅书画，更多的是表现他丰富的内心世界。

这幅《研山铭》手卷，长138厘米，宽36厘米，分为三段：第一段为米芾用南唐澄心堂纸书写的39个行书大字，第二段为绘制的《研山图》，第三段为米芾之子米友仁、米芾外甥金代王庭筠和清代书画家陈浩的题跋。

这卷《研山铭》是米芾书法精品中的代表作，也是米芾大字作品中罕见的珍品。它沉顿雄快，跌宕多姿，结字自由放达，完全不受古人的局限，字里行间都体现了米芾特有的风格。在《研山铭》的背后，还有一段听起来有些不可思议的故事，它的诞生，源于米芾得到了一块名为"研山"的灵璧石。

在讲这个故事之前，我们必须先来介绍一下米芾的绰号，免得你们

| 米芾用南唐澄心堂纸书写的 39 个行书大字（局部）

被吓到。唐朝有个书法家"张颠"（张旭），宋朝也不甘示弱，于是出了个"米颠"，也就是《研山铭》的作者米芾。不过米芾有点缺乏自知之明，他曾问苏东坡："大家都说我疯疯癫癫，你觉得我是这样的人吗？"苏东坡回他三个字："吾从众。"苏东坡都如此说了，米芾也就认了。好在"米颠"这个绰号一点都没冤枉他。米芾有个特殊的爱好，那就是玩石头。

一块名为"研山"的石头

"石不能言最可人"，从古至今，人们对石头的喜爱有增无减。而米芾对石头的喜欢，已经到了痴迷的地步。

据《梁溪漫志》记载，米芾在安徽无为做官的时候，濡须河边有一块奇形怪石。当时的人们缺乏科学知识，每当有人提起这块石头时，说

| 米芾 行书《珊瑚帖》

话的人都要先看看左右，然后压低声音，满脸神秘地说道："嘘……你们知道吗？这块石头有可能是神仙之石，看到它，一定不要靠近。否则，会遭到报应……"一传十、十传百，很快米芾就知道了这块石头的存在。作为一个热爱收藏石头的人，怎么可以错过！于是，米芾立刻派人去将这块传说中的神仙之石搬到了自己的住处，有人劝他："这块石头是神仙之石，最好不要接近！"米芾一听，更激动了，他对劝说的人说道："什么？神仙之石？那太好了！没什么好怕的！我就是神仙！"

当这块神仙之石搬到米芾的住处后，米芾已经准备好了一切。他摆好了供桌，上好了供品，这块神仙之石一到家，他就"扑通"一声跪了下来。这是在搞什么名堂？在场的人都感到非常奇怪，这时只听见米芾边拜边说："石头兄啊，我已经想了你二十多年了。我们真是相见恨晚啊！"这块神仙之石，便是研山石。此后米芾竟然抱着这块研山石睡了三天三夜。

别说古人对此无法理解了，就连我们现代人遇到这种情形也会感到奇怪，于是很快有人去跟宋徽宗打小报告了。宋徽宗一听是发生在米芾身上的事，一点都不感到意外。毕竟米芾的疯疯癫癫，他是见识过的。事情是这样的：

当年宋徽宗很想见识一下米芾的书法才能，于是他让米芾以两韵诗草书御屏。米芾心想这不是小意思嘛！他笔走龙蛇，写的字从上而下直如线，宋徽宗看后，赞叹不已，这个米芾果然名不虚传！但

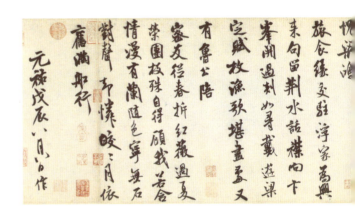

宋徽宗没料到的是，米芾心里有个小算盘在等着他呢！放下笔后，只见米芾一下就把宋徽宗心爱的砚台装入了怀中，砚台里的墨水四处飞溅，他满脸认真地对宋徽宗说道："官家，这个砚台我已经用过了！你不能再用了！你就把这个砚台送给我吧？"

宋徽宗于是将砚台赐给了米芾。米芾得到这个砚台后，欢喜得不行，但他没有用这个砚台来写字画画，也没有把砚台供起来，而是告诉世人："这个砚台就是我的头！"他搂着这个砚台睡了很多天。

以 2999 万元人民币被拍回

当初搂砚台，现在又搂研山石？宋徽宗皱了下眉头，这简直是胡闹，于是米芾被罢了官。对此，米芾才不当回事儿呢！当不当官的，在他看来无所谓，也没有什么好懊悔的，他继续搂着研山石睡觉。由于米芾实在是太喜欢这块研山石了，就算抱着它睡觉也无法抒发内心的欢

| 米芾行书《苕溪诗》卷，此卷与《蜀素帖》并称米书"双璧"

喜。米芾对研山石爱不释手，意犹未尽，某个瞬间，一股激情油然而生，他挥毫泼墨，写下了这卷千古名作《研山铭》。或许是因为发自内心的喜爱，这卷《研山铭》在运笔上刚劲强健，具奔腾之势，筋雄骨毅，变化无穷。结字上，自由放达，倾侧之中含稳重，端庄之中婀娜多姿。我们甚至可以想象，米芾在写这卷《研山铭》时，那种痴迷的状态，那副陶醉的表情，仿佛他写的不是书法，而是他的心情与思想。

米芾《春山瑞松图》（局部）

　　其实宋徽宗在听人告米芾的状时，心里就有点痒痒了。因为宋徽宗也是个"文艺青年"，他也想要那块研山石与《研山铭》。没多久，宋徽宗就如愿得到了，他同样对这块研山石爱不释手，于是也在《研山铭》帖上题跋加印。《研山铭》也算是流传有序，它就此流入了北宋宫廷，后南宋理宗时，被右丞相贾似道收藏。再后来，递传到元代，被元代书画鉴藏家柯九思收藏。清雍正年间，它又被书画鉴赏家、四川成都知府于腾收藏。

　　到了乾隆年间，有个书画家叫陈浩，是个"石痴"，他也因机缘巧合得到了研山石与《研山铭》。陈浩对石头的喜爱绝不亚于米芾，他也曾在《研山铭》帖上题跋用印。不想这事儿被乾隆皇帝知道了，乾隆一听，开心得不得了。毕竟他也爱石头啊！他下令："快点把这块石头要过来给朕！朕要好好把玩一番！"陈浩多么聪明，他料到乾隆皇帝会

| 南宋 米友仁《潇湘奇观图》（局部）

把他的这块石头要走，于是提前做了准备，制造了一块假的研山石给乾隆，不过当场就被大臣们识破了。好在陈浩命大，乾隆皇帝没追究他的"欺君之罪"，放了他一条生路。陈浩去世后，《研山铭》与研山石才分别离他而去，不知下落。

及至近代，我们得知《研山铭》竟流落日本。而研山石却早已不知所终。好在，我们从来没有忘记过《研山铭》。2002 年 12 月 7 日，《研山铭》在观复博物馆被国家文物局委托以 2999 万元人民币以定向单人形式拍下，此后《研山铭》被藏于北京故宫博物院。《研山铭》的价值绝不仅仅在于作品本身，它为后世研究米芾书法提供了重要的依据和参考。我们现代人也通过《研山铭》，再次与米芾的灵魂相遇。也只有《研山铭》，才能让我们再次目睹米芾的"痴"与"癫"。

花石纲

在宋代，石头是文人士大夫最为心爱的"玩具"，但将石头玩到灭国的只有宋徽宗。宋徽宗对怪异石头迷恋，主要源于他崇信道教。为了收集到奇珍异石，从而达到得道升天的目的，宋徽宗干脆组织了一个团队，取名为"花石纲"。"纲"是指一个运输团队，往往将十艘船称为"一纲"。这个搜罗怪石的团队一干就是二十年。当时指挥花石纲的有杭州的"造作局"、苏州的"应奉局"等，花石纲奉皇命对东南地区的奇珍文物进行搜刮。老百姓家里只要有一木一石、一花一草可供玩赏的，应奉局就立刻派人贴封条，还强迫当地百姓看守，稍有不慎，就会被判"大不恭"之罪。在搬运这些石头时，应奉局动辄破墙拆屋，丝毫不问老百姓的死活。只要是应奉局看中的石头，不管大小，就算是在高山绝壑，抑或是深水激流，他们都会不惜一切代价得到它。

花石纲每到一个地方，就会给当地的百姓带来苦难，百姓不仅要供应钱谷，还要服役。更夸张的是，有些地方为了让船队通过，甚至拆毁桥梁，凿坏城郭。对花石纲之役，《宋史》记载道："流毒州县者达二十年。"

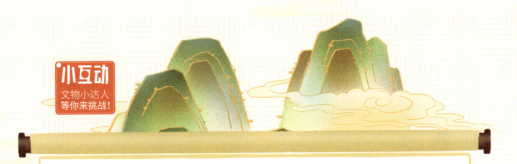

  米芾酷爱书画,沉迷收藏,为了得到喜爱的书画,他不但耗费了大笔资财,而且使用了许多欺骗手法。他临摹的水平很高,几乎达到了以假乱真的地步。借别人的名画,最后归还时,把临摹的作品给别人,自己却留下真迹。由此衍生出来的成语是(　　　　)。

张择端《清明上河图》：
一幅画，顶一本北宋百科全书

北宋开封的"百科全书"

想知道宋朝的街市是怎样的吗？去找它！想知道宋朝人是如何穿搭的吗？去找它！想知道宋朝的屋子是怎么盖的吗？去找它！有关宋朝的一切市井生活，它都会告诉你。它就是北宋名画《清明上河图》。

《清明上河图》被誉为中国十大传世名画之一，也是一幅享誉世界的名画。这幅长 528.7 厘米，宽 24.8 厘米的风俗画长卷，堪称北宋开封的"百科全书"，表现了最为丰富的古代社会生活。我们现代人若是穿越到这幅画中，几乎什么都不用带，就可以直接在画里过日子啦！

如此规模的画作可以说是前所未有，对画家而言更是一个极大的挑战与突破。此画为宋代皇家翰林图画院画家张择端所作。张择端自幼熟读诗书，可惜未登科及第，就做了宫廷画师。细看《清明上河图》长卷

| 北宋 张择端《金明池争标图》

的绘画技艺，尤其是画中对细微之处刻画的精微地步及娴熟程度，可以推断出这幅画是张择端中年所作，大概是在崇宁四年（1105年）。

当宋徽宗打开这卷《清明上河图》时，就被眼前的画作震撼了，这卷画作上一片繁华的景象，老百姓过上了这么好的日子，这等于是拐着弯在夸他。宋徽宗对张择端大加赞赏，他在卷首用瘦金体题写了五个字，还加钤了双龙印，但可惜的是这些在明朝末年被损毁，那五个字应该就是"清明上河图"。

《清明上河图》就此成了国画中当之无愧的鸿篇巨作，在宋代就被视为珍品。如此珍贵的画作，后世的帝王权贵一想到它就心痒痒，想尽办法要得到它。而收藏家、鉴赏家更是将《清明上河图》视为朝思暮想的心爱之物。加上改朝换代、社会动荡等诸多因素，《清明上河图》本

北宋 张择端《清明上河图》（局部）

身的经历和遭遇竟然造就了一段传奇。

曾流于民间，被众多藏家所收

话说从张择端创作《清明上河图》以后，这卷画作就开启了它传奇的经历。它先是被收入御府，靖康之变后，卷入金人统治的地区，几经波折，又被收入元朝秘府。看上去越是安全的地方，越是危险，当时的官匠竟然偷偷地买来《清明上河图》的赝品，然后用其将真品调包出宫，卖给了某位大官。可那位官员没有收到，因为中途的保管人也对《清明上河图》起了贼心，直接卖给了杭州的陈彦廉。这卖来卖去、

| 清院本《清明上河图》陈枚等合绘 台北故宫博物院藏

偷来偷去、送来送去的，一晃就是四百多年的光景。到了明嘉靖三年（1524 年），《清明上河图》已经转到了时任兵部尚书陆完的手里。陆完对这卷画作如前人一样，异常珍爱，可以说《清明上河图》就是他的命！陆完去世后，他的夫人非常担心有人会把《清明上河图》夺走，思来想去，她终于找到了一个绝妙的收藏法。她竟然把《清明上河图》缝在了自己的枕头里，并且寸步不离。陆完与陆夫人的儿子对家中的这个宝物觊觎了很久，他跑去对母亲说："母亲，孩儿想看一眼这件传世珍品！"陆夫人只回复了他两个字："不行！"可惜的是，家门不幸，陆完的儿子太不争气了，他欠了官债，着急等钱用，于是把《清明上河

图》偷偷地卖给了昆山人顾鼎臣。

顾鼎臣拿到画后满心欢喜，爱不释手，但他万万没想到，他早已被严嵩、严世蕃父子给盯上了。他们父子俩对顾鼎臣说："想要活命，就把《清明上河图》交出来！"为了保命，顾鼎臣只好忍痛，乖乖地交出了《清明上河图》。之后，社会上有很多关于严嵩父子借《清明上河图》打击陷害都御史王忬的传闻，时人还将这些传闻收入了笔记著作中。大概是报应，严嵩倒台，严世蕃被斩，家产被籍没，《清明上河图》又回到了宫廷。

到了清代，《清明上河图》像是中了"魔咒"：只要得到它的人，都会被抄家。这第一个中了"魔咒"的人就是礼部侍郎陆费墀。要说陆费墀也是倒霉，他得到《清明上河图》没多久，就出了个纰漏。当时的陆费墀与纪昀、陆锡熊等人一起

明 仇英《清明上河图》
描绘的是明朝中期的苏州，
反映的是当时苏州城的繁荣

编纂《四库全书》，但乾隆皇帝认为《四库全书》中讹谬甚多，纪昀、陆锡熊等人被斥责，而陆费墀被罚得最重，直接被革职了。大概是太过伤心，三年后，陆费墀就郁郁而终了。他死后竟然被抄了家，而《清明上河图》也因为各种机缘巧合落到了湖广总督、大学者毕沅的手里。

毕沅是清代有名的收藏家，得到《清明上河图》那真是花光了他所有的运气。这话一点都不夸张，在毕沅打开《清明上河图》的那一刻，他绝对不会想到自己的下场与这卷画作的前主人一样，也是死后被抄家。《清明上河图》又回到了宫廷之中。这时候，当政的是嘉庆帝，他将这幅画珍藏在建福宫的延春阁中。因此，《清明上河图》旧称"延春阁本"，包首题签"张择端清明上河图"，画上无作者款印。

世界级的文化遗产

民国初年，《清明上河图》被溥仪盗出关外。新中国成立后，它又作为国家文物被政府收回，但当时没有人知道这就是张择端的《清明上河图》真迹。因此，《清明上河图》还曾混迹在东北博物馆（今辽宁省博物馆）临时库房里的一堆破烂书画里。1950年8月，著名的书画鉴定家杨仁恺先生在这里发现了这件《清明上河图》长卷，经过他反复对比与考证，这件令人震撼的画作才得以重见天日。1953年11月，《清明上河图》收藏于北京故宫博物院。

《清明上河图》画的是北宋京城汴梁（今河南开封）的社会生活面貌，展现了社会中各个阶层的不同生活状况。它不只是一件艺术珍品，还是一卷题材丰富的北宋"百科全书"，画作生动地呈现了北宋市民的生活，也为我们提供了大量的历史资料。我们在这幅画里，与宋朝人相遇。

今天的观众，也可以从中窥见豪奢闲散和贫困辛劳的对比，这更显出画家写实艺术的伟大。这件作品也给我们留下了许多历史资料，对研究宋代城市生活和工商、交通、风俗、服饰、建筑等很有价值。

因其史学价值和文化价值远远超过其艺术价值，因而复印本被许多国家的博物馆珍藏，并设有许多专门的研究机构。

史上版本最多的画作

自《清明上河图》问世以来，人们对它的喜爱几乎到了痴迷的地步。为此，《清明上河图》几乎成了史上版本最多的画作，因为仿摹者实在是太多了。在各地公私藏家手中还有许多摹本和伪造本，据统计，现存的《清明上河图》有30多本，其中中国藏20多本（大陆藏10余本，台湾地区藏9本），美国藏5本，法国藏4本，英国和日本各藏1本，光是台北故宫博物院就藏有7本。

除了宋本《清明上河图》被众多学者、专家确定出自张择端之手外，最为著名的版本还有明本和清院本。明本又被称为"仇英本"，是吴门四家之一、明代著名画家仇英所作。不过仇英可不是"抄作业"，他根据"清明上河"这一题材，参照了宋本的构图结构，以明代苏州城为背景，采用青绿重设色的方式，创作了一幅全新的画卷，风格与宋本迥异。

至于清院本的《清明上河图》，是在乾隆元年（1736年）由清宫画院的五位画家——陈枚、孙祜、金昆、戴洪、程志道合作画成的。清院本的《清明上河图》可以说是"优点大集合"，完全按照各个朝代的仿本，集各家所长创作而成。为了表现出清代的社会风俗，画中还增加了许多丰富的情节，比如踏青、戏剧、猴戏、特戏、擂台等。更特别的是，清院本的《清明上河图》受到了西洋画风的影响，在画中还可以看到西式建筑。

观察力训练：请快速找出下面这个人物在大图中的位置。

《清明上河图》局部手绘图

王希孟《千里江山图》：
天才少年的一幅画，火了一千年

美丽而脆弱，每展出一次都会有损耗

在中国十大传世名画中，单是徽宗政宣年间就诞生了两幅。一幅是大名鼎鼎的《清明上河图》，而另一幅就是《千里江山图》。据说当年宋徽宗打开《千里江山图》的时候，赞叹其无与伦比。它是一幅近12米长的山水画作，画面细致入微，烟波浩渺的江河与层峦起伏的群山构成了一幅绝美的江南山水画。画中有渔村野市、水榭亭台、茅庵草舍、水磨长桥等，同时穿插着捕鱼、驶船、游玩、赶集等动态的生活情景，动静皆宜，有滋有味。画面中人物与动物的刻画更是精细入微，看上去栩栩如生。尤其是那飞鸟，它们展翅翱翔的形态极为逼真，仿佛马上就要从画中飞出去。

你以为《千里江山图》只是妙在这里吗？不，它最特别的地方在于

北宋 王希孟《千里江山图》（局部）

画面的色彩处理。它继承了唐代以来青绿山水画的用色特点，采用了皴法与青绿色相结合的表现手法。皴法是中国画技法名，是一种表现山石、峰峦和树身表皮的脉络纹理的画法。你看画中的山石峰峦，它们是不是因为有了脉络与纹理，所以看上去就如同真的一样？而画中的山头以石青、石绿为主色调，以赭石染出坡脚，以汁绿、苦绿染出了天水色。因为颜料是由矿物质制成，所以它的纯度极高，而画中反复积色加之石青与石绿的相互交错，形成了节奏上的变化，这使得色彩的表现力越发浓郁与强烈。即使经历了近千年的时光，画面上的颜色已经渐渐地脱落与消退，也依然难掩其鲜艳夺目的本色。据传，这幅《千里江山图》刚画出来时，因为颜料的光与色处理巧妙，整幅画卷都闪烁着淡淡的华光，甚至形成了水波粼粼的视觉效果。

随着岁月的流逝，这幅《千里江山图》也越来越珍贵。因为画家在绘制这幅《千里江山图》时，用了大量的矿物质颜料，同时这幅画是绢本，用的是蚕丝，每展出一次，就会遭受一次损耗，毕竟它来自近千年前。

宋徽宗的学生，短暂又传奇的一生

如此巨作，你能想象它是一个 18 岁的少年画出来的吗？这位天才少年画家叫王希孟，可惜在史料中只有关于他只言片语的记载。好在画卷上有一跋文："政和三年闰四月八日赐。希孟年十八岁，昔在画学为生徒，召入禁中文书库，数以画献，未甚工。上知其性可教，遂诲谕

青绿山水《江山秋色图》卷，宋，赵伯驹绘，绢本，设色，纵 55.6 厘米，横 323.2 厘米

宋徽宗赵佶《听琴图》

有人认为，抚琴者为宋徽宗，左侧
青衣仰观者是王黼，右侧是蔡京

之，亲授其法，不逾半岁，乃以此图进。上嘉之，因以赐臣京，谓天下士在作之而已。"

这篇跋文是宰相蔡京写的，从跋文中可以知道，这位天才画家王希孟是画学的学生。宋徽宗早在崇宁三年（1104年）就在宫里设立了"画学"这一宫廷绘画教育机构。王希孟后来被召入宫中的文书库，文书库的工作非常烦琐，主要是抄账、编目等，可王希孟更喜欢画画，于是他灵机一动："我要多画几幅画献给官家，说不定可以引起他的注意呢！"不过王希孟毕竟是新手，他刚开始画的几幅画看上去技法很是稚嫩。徽宗在书画上可是行家，他虽然不喜欢王希孟的这几幅画，却从王希孟的绘画手法上看出了他的天赋，于是徽宗把王希孟找来了。

徽宗对他说："朕看过你画的那几幅画了，虽然手法上有些幼稚，但朕觉得你是个可造之才，特收你为徒弟。即日起，你就跟着朕学习作画吧！"王希孟美梦成真，还是由皇帝亲自教导，这真是太好了！不过当徽宗的学生也不是那么容易，他不会任由宫廷画家自由创作，在画作的形式与意趣上有着严格的要求。王希孟自然很珍惜这个来之不易的机会，他非常刻苦，加上他确实在绘画方面天赋异禀，仅仅半年，王希孟就画出了《千里江山图》。他将此画呈献给了徽宗，徽宗非常喜欢，对王希孟的画作大加赞赏后，就把画赐给了宠臣蔡京。蔡京虽然在历史上被后世评为奸臣，但他对艺术的鉴赏力非同一般。他与徽宗是志趣相投的知音，徽宗能把《千里江山图》送给蔡京，足可见他对这幅画作的喜爱。

不过说来也很奇怪，王希孟画出《千里江山图》以后，就再也没有见过他的其他作品，甚至连他这个人都成了一个谜。他就像是中国绘画史中的一颗流星，璀璨闪耀地划过夜空后，就再也没有了

宋徽宗赵佶《溪山秋色图》
台北故宫博物院藏

踪迹，于是有关王希孟的传说也越来越多。最初有人传天妒英才，王希孟是猝然病逝。后又有人说王希孟在画《千里江山图》时，向徽宗提出过许多无理的要求，朝中大臣多有进谏，但徽宗置之不理，一直到王希孟画完《千里江山图》，才处死了他。但随着北宋王朝的衰落，另一个离奇的传说更让世人相信。

家国沦陷，又有谁能顾及一名画师呢？

据传王希孟在画完《千里江山图》以后，徽宗对他赞赏不已，王希孟便对他说："官家，臣日日都在宫中作画，对外面的世界却一无所知。可否让臣出宫采风，多去走访江南山水，寻找一下新的灵感？"徽宗欣然应允。而那时，积贫积弱的北宋王朝已经逐渐走向了衰亡。王希孟带着对江南山水的憧憬而来，可当他来到民间，看到老百姓过着苦不堪言的日子，以及处处透露着衰亡气息的山水，王希孟心头一紧："原来我与官家一样，都活在自己的千里江山梦里！"年轻气盛的王希孟带着失落与震撼回到了宫中，他向徽宗直言进谏，而徽宗只想活在自己的

宋徽宗赵佶《柳鸦芦雁图》（局部）

艺术世界里，王希孟的谏言没有得到徽宗的重视，于是年少的他打算利用自己的特长来点醒徽宗。

短短数月，王希孟便画下了一幅《千里饿殍图》，他将此画作呈献给了徽宗，以为徽宗会被画面中的民生疾苦震撼，却没承想徽宗看到后，简直是怒火中烧。徽宗先是烧掉了这幅画，随后下令要处死王希孟。狱中的王希孟知道自己死期将至，于是他向徽宗提出了最后一个请求："官家，可否让臣再看一眼那幅《千里江山图》？"望着眼前这个清瘦的少年，他可是自己手把手教出来的学生啊！徽宗点头应允，没想到王希孟看完那幅《千里江山图》，就忽然消失了，从此历史上再也没有出现他的任何踪迹。有人说是徽宗最后心软了，舍不得杀掉这位天才少年画家，于是悄悄地把他放了。

这个传说曾被记录在《北宋名画臻录》（清善本）中："王希孟……十岁被召至宫中侍驾，徽宗亲授画技，曰'其性可教'。艺精进，画遂超越矩度。工山水，作品罕见。徽宗政和三年，呈《千里江山

宋徽宗赵佶《瑞鹤图》

图》，上大悦，此时年仅十八。后恶时风，多谏言，无果。奋而成画，曰《千里饿殍图》。上怒，遂赐死。死时年不足二十。"仅仅靠这段史料，并不能推断出王希孟的结局，毕竟在中国的绘画史上，除了这段史料，并没有任何《千里饿殍图》的蛛丝马迹。或许这是世人为了给王希孟这位天才少年画家留一个正名吧！

而更接近历史真相的是，王希孟在进献《千里江山图》后不久，没几年，北宋就发生了"靖康之变"，徽宗、钦宗被掳，北宋王朝走向了灭亡。在这样的历史背景下，王希孟不过是芸芸众生中的一粒尘埃，家国沦陷，谁还会记得将这位天才少年画家记入史籍呢？更或者，那段有关王希孟的史籍在战乱中被毁坏。而那幅巨作《千里江山图》几经辗转流离，最终被藏入了北京故宫博物院。

如果说唐代的张若虚以一篇《春江花月夜》"孤篇横绝，竟为大家"，那么王希孟的这幅《千里江山图》更是如同元代书法家溥光所言，"自可独步千载，殆众星之孤月耳"。王希孟虽然只留下了这一幅画作，却可以孤篇压倒两宋，无论这幅画作的布局，还是色彩的运用，都可以说是史上一绝。

宋徽宗开设"绘画辅导班"

由于天生对艺术的热爱，宋徽宗大力发展宫廷绘画，广集画家，于是他创造了宣和画院，可以说他是中国最早开设"绘画辅导班"的人。宣和画院培养了大量的优秀画家。王希孟就是宣和画院中的"得意门生"，宋徽宗认为王希孟"其性可教"，于是亲自教授他绘画。不仅如此，宋徽宗还组织编纂了《宣和书谱》《宣和画谱》《宣和博古图》等书，这些书也是有关美术史研究的珍贵史籍，至今都有着极其重要的参考价值。

北宋灭亡后，兴盛一时的徽宗宣和画院自然也是"关门"了。宋徽宗培养出来的一些画家经历了辗转逃亡，逐渐集结于南宋的都城临安。由于他们的绘画才华突出，先后又被宋高宗恢复了在画院中的职务，成了南宋画院中的骨干力量。

宋代画家李迪先后任职于北宋、南宋宫廷画院，擅长花鸟、草虫、犬猫等题材

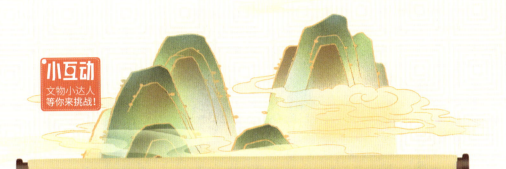

判断：王希孟《千里江山图》被后人誉为"画中之兰亭"，对吗？

王希孟《千里江山图》局部手绘图

赵构草书《洛神赋》：
为了练书法，宋高宗差点被暗杀

字字独立的草书

只要一谈起草书，我们的脑海里就会浮现出许多飘逸的字迹，也许我们会一边感慨着草书的恣意任性，一边在心里偷偷嘀咕着："这到底写的是什么字啊？怎么有点看不懂？"假如宋高宗赵构还活着，他一定会大笑着走到我们面前，拿起这卷草书《洛神赋》，骄傲地说道："哼！朕就知道你们会这么想！所以我写的草书跟别人完全不一样！"赵构还真没吹牛，他写的草书《洛神赋》虽是草书，但字字独立，字与字之间毫无引带，运笔沉着浑厚，他的书法呈现出一气呵成、流畅自如的神韵。这与那些大书法家的笔法还真的不一样！对书法，赵构很有自己的想法，他认为楷书是一切的基础，主张草书"使笔画不失真为

宋高宗赵构 草书《洛神赋》

尚"。用我们现代人的话说，那就是："不管你写的是什么草书，你写得再好，起码也得能让人看懂你究竟在写啥！"

这卷现藏于辽宁省博物馆的赵构草书《洛神赋》就具有这一特点，它高27.3厘米，长277.8厘米，绢本，卷末署"德寿殿书"款，钤"德寿殿御书宝"朱文印，由此可知这是赵构退位隐居德寿殿时写的书法作品，是他晚年的成熟之作。这卷书法作品的内容是曹植的名篇《洛神赋》，历代书法家都喜欢用这一辞赋作为素材，比如王献之、赵孟頫、祝允明等。要想在这么多名家作品里出类拔萃可不容易。于是赵构独树一帜，他非常大胆地省略了原文所有的语气词"兮"字，这在历代书法作品中是极少见的。名家诗词歌赋那么多，赵构为何偏偏选《洛神赋》呢？或许是因为他把曹植当知己吧！

赵构与曹植

曹植的人生经历与才华横溢的天资，或多或少地让赵构看到了他自己身上有曹植的影子。曹植曾经是曹操最为宠爱的儿子，他从小就表现出了惊人的文学天赋，曹操对他寄予厚望，一心想立他为世子。然而相比于帝王，曹植更适合做个诗人，最终他在政治博弈中落败，他的哥哥曹丕更是容不下他，曹植先是被贬为安乡侯，后改封鄄城侯，再立为鄄城王。这篇《洛神赋》就是在魏文帝黄初三年（222年），曹植从京师洛阳返回封地鄄城途中经过洛水时所作。曹植当时的内心是郁闷而压抑的，他原本也是有着"勠力上国，流惠下民，建永世之业，流金石之

宋摹本《洛神赋图》（局部）

"功"的理想，可到了最后，连自己的身家性命都堪忧。

　　而赵构呢？他的人生经历虽与曹植不同，但走向是一致的。赵构也是天赋异禀，他的出生更是充满传奇色彩。他出生时，宫殿被一片红光笼罩着。他从小就博闻强识，天资聪颖。在经历了"靖康之变"后，他成了南宋第一位皇帝。但这个皇帝太难当了！在他初登皇位时，先是经历了连连战乱，好不容易迁都杭州，南宋王朝站稳脚跟了，却又得为了保住江山，屈辱求和。最终他累了倦了，称自己想多多休养，就把皇位传给了养子赵昚（shèn）。

　　看似曹植和赵构有着不同的人生轨迹，但其实都一样，他们都有过

| 明 仇英《临萧照中兴瑞应图》（局部），右一为赵构

建功立业的理想，也最终都被现实打败。曹植的这篇《洛神赋》不仅表达的主题丰富，而且它本身作为一篇辞采华美的赋就极具文学价值，彼时已当上太上皇的赵构自然是对它青睐有加，于是有了我们现在所能看到的赵构的草书《洛神赋》。

"献书斩首"危机

说到书法，赵构就算是当上了太上皇，也绝对忘不了年轻时发生的一件大事。那件事差点让南宋王朝灭亡，也差点让他丢了性命。那年是绍兴六年（1136 年），伪齐皇帝刘豫之子刘麟早就对南宋王朝虎视眈眈。早在此之前，他就派遣了一些江南的细作去打探有关赵构的一切。某天，他的细作打探到赵构与他的父亲宋徽宗一样，喜爱书法，尤其是对北宋黄庭坚的书法痴迷得不行！刘麟听到这个细节后，策划了一个极为恶毒的"献书斩首"计划。

刘麟先是派人四处搜罗黄庭坚的墨迹，当他们得到黄庭坚的二十多幅书法真迹后，刘麟心想："黄庭坚的书法，果然是珍品！用珍品进献赵构太浪费了！"于是他让一个名叫王开道的读书人模仿黄庭坚的字迹，想让王开道练成之后，以进献黄庭坚的真迹为名，渡江拜见宋高宗。

不过，仅仅是王开道一介读书人还不够，刘麟还养了一批江湖死士。在这批江湖死士里，刘麟挑选出一个名为蒯（kuǎi）挺的亡命之

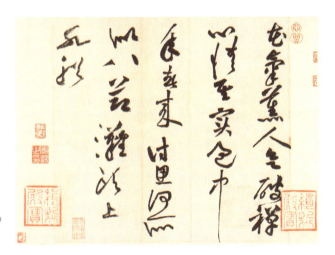

黄庭坚 草书《花气熏人帖》
台北故宫博物院藏

徒，"待以殊礼"，让他随同王开道一起拜见宋高宗，实际上是让他一旦有机会，就把赵构的人头砍下来。这个恶毒的计划听上去天衣无缝，但刘麟万万没想到，刺客蒯挺的挚友、大齐宰相张孝纯是南宋的细作。在那年九月的某天，蒯挺与张孝纯如同平时一样，相约一起喝酒。喝着喝着，蒯挺忽然感慨道："不久与相公别矣。"这是什么话？难不成刘麟即将有行动了？张孝纯十分警惕，他认为其中一定有问题！他想方设法让蒯挺说出实情，然后立即将这个重要消息通报给了南宋王朝。赵构听后，大吃一惊，赶紧吩咐手下人提前做好防备，于是刘麟利用黄庭坚真迹毁掉南宋的阴谋最终没有得逞。

"花心"的赵构

读完了这个故事，你以为赵构真的对黄庭坚的书法如此痴迷吗？不！赵构对练习书法，可以说是非常"花心"。他最初喜欢的是黄庭坚的书法，后来成为南宋第一位皇帝后，他又喜欢上了米芾的书法。再后来，他又把王羲之、王献之当成自己的偶像。这还不够，自魏晋以来至六朝的笔法，只要是有那么一点点喜欢，赵构都会疯狂地去模仿、去练习！他还把自己大量临摹的作品分别送给了朝中大臣，朝中大臣自然将他的作品奉为至宝。于是上行下效，他喜欢谁的书法，天下人就去临摹那个人的书法，他变来变去，天下人也跟着变来变去。南宋诗人杨万里曾在《诚斋集》中记载过这一现象："我高宗初作黄字，天下翕然学黄；后作米字，天下翕然学米；最后作孙过庭字，故我孝宗与今上皆作

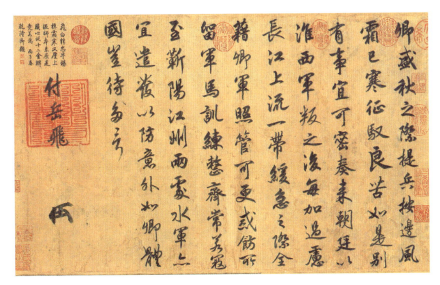

赵构《赐岳飞手敕》
绍兴四年（1134年），岳飞奉命挥师北伐，收复南宋失地。手敕中，高宗
一方面安抚岳飞并给予兵权，一方面却将岳飞的兵权限制在长江上游一带

孙字。"可见，赵构对南宋书法的发展产生了很大的影响。一时间，南宋王朝还兴起了一阵"书法热"。

宋高宗还在《翰墨志》中说道："凡五十年间，非大利害相妨，未始一日舍笔墨，故晚年得趣，横斜平直，随意所适。"或许是因为对书法太痴迷，对书法家太"花心"，赵构因此博采众长，练就了独特的书法艺术风格。这卷赵构草书《洛神赋》就很具代表性，它早已不是模仿前人的墨迹，而是拥有了赵构自己充满个性的艺术特色。我们在字字沉着浑厚的书法作品中，仿佛看到了赵构帝王之尊的气韵，看到了赵构当上太上皇后的平淡心境，也看到了赵构内心曾经涌动着的炽热。

《洛神赋》中的"洛神"究竟是谁

　　《洛神赋》中的"洛神"究竟是谁，历来就有很大的争议。目前有三种观点，第一种观点是"感甄说"。这一观点认为曹植笔下的"洛神"就是他的嫂嫂甄宓。据记载，甄宓明艳动人，而当时的曹植年纪尚小，遂得以与甄宓朝夕相处，进而对甄宓产生了倾慕之情。在甄宓死后，曹植去洛阳见曹丕，并与甄宓之子曹叡（ruì）一同吃饭。曹植看到侄儿曹叡，想起甄宓之死，内心异常悲凉。饭后，曹丕将甄宓的遗物金缕玉带枕送给了曹植，曹植睹物思人，在返回封地途中，夜宿舟上，恍惚间，似乎看到甄宓凌波御风而来。曹植一下惊醒，原来这只是他的梦境，但这个梦让曹植久久不能忘怀，于是写下了《感甄赋》。后魏明帝曹叡继位，为避母名讳，就将篇名改为了《洛神赋》。由于此赋影响之大，人们也感动于曹植与甄宓的恋爱悲剧，故事传着传着，人们就把甄宓认定为洛神了。

　　第二种观点是"君臣大义说"。提出这一说法的是曹丕。因为曹植在《洛神赋·序》中已表明"感宋玉对楚王神女之事，遂作斯赋"，是有感于宋玉的《神女赋》《高唐赋》两篇赋而作，所以这篇赋也有可能是曹植写给他的哥哥魏文帝曹丕的。

　　第三种观点是"亡妻崔氏说"。这一观点认为"洛神"既不是甄宓，也不是曹丕，而是曹植的亡妻崔氏。据记载，曹植的妻子是名士崔琰兄长的女儿，后来因为穿衣服太过华丽而被曹操所杀。之后的很多年，曹植都没有再续正室。有学者认为《洛神赋》其实是曹植为怀念当年与妻子崔氏一同度过的美好时光有感而作。

　　曹植《洛神赋》中写道："黄初三年，余朝京师，还济洛

川。"你能认出赵构的书法作品《洛神赋》中这几个字吗？请

将与其对应的汉字用线连起来。

黄

朝

师

还

时　钩　逵　黄

宋徽宗赵佶《文会图》（局部）

第二章

聚珍赏萃尽显极致风流

哥窑与弟窑的传说：
绝代双骄，相爱相杀

章氏两兄弟的"哥窑""弟窑"

当我们打开英文词典搜 China 这个单词的时候，会发现 China 这个单词是"中国"和"瓷器"两个词的英文译名。我国是世界上最早发明瓷器的国家，宋代是中国陶瓷发展的辉煌时期。在宋代，有五大名窑，它们分别是汝窑、官窑、哥窑、钧窑、定窑。这五大名窑中有一个"哥窑"，难不成它还有弟弟吗？弟弟是不是就叫"弟窑"？如果真的有"弟窑"，那为什么哥哥入围了五大名窑，弟弟却没有？

这还得从宋代一个名叫龙泉县的地方开始说起。相传，在宋代的龙泉县，有一位非常出名的制瓷高手，他叫章村根。章村根生了两个儿子，老大取名为章生一，老二的名字顺着老大取，叫章生二。古人讲究

| 宋 官窑青釉葵口碗

| 北宋 定窑白瓷莲花纹盏

| 宋 钧窑莲藕罐

| 宋 钧窑天青釉紫斑折沿盘

| 北宋 汝窑天青釉洗

"子承父业"，于是章村根把绝世的手艺传授给了自己的两个儿子。老大章生一忠厚老实，刻苦肯学，他制瓷的手艺深得章村根的真传。而老二天资聪颖，灵气逼人，他的制瓷手艺更像是得了某种秘籍，有传言说他身怀绝技。日子过得很快，当老大和老二都能独当一面时，章村根感觉自己将不久于人世，于是把兄弟俩叫到了床前："我的儿啊，老父很快要去了，我给你们俩各留了一个窑厂，以后的一切就要靠你们自己了，你们兄弟俩要和睦相处，相互扶持……"章村根去世后，他留给儿子的两个窑厂，还是与当年取名字一样，老大的窑厂叫"哥窑"，老二的窑厂叫"弟窑"。

一开始，这兄弟俩真的如章村根临终前叮嘱的一样，各自经营着自己的窑厂，兄友弟恭，日子过得简单而快乐。然而，随着时间的沉淀，这兄弟俩烧制瓷器的手艺越来越精湛，老大章生一，更是技高一筹。他烧制出来的"紫口铁足"清雅至极，一时间名扬天下，成了最著名的制

| 北宋 碟 耀州瓷

瓷艺人。没多久，皇帝也听说了"紫口铁足"这个爆款，于是把章生一给叫去了："听说你烧制青瓷很有一手嘛！你就来给朕烧制青瓷吧！"遇到这样的好事，章生一自然是欢欢喜喜，可章生二心里有小情绪，暗地里生起气来。章生一忙着烧制朝廷要的瓷器，没注意到弟弟章生二情绪的变化，时间久了，章生二的内心从一开始的不服气渐渐变为嫉妒。

北宋 花瓶 磁州器

哥窑，惊艳世人的缺陷美

某天章生一有事外出，叮嘱弟弟章生二帮他照看一下窑厂。章生二因为一直嫉妒哥哥，心胸也变得狭隘起来，他心想："有好事不想着我，现在想找人帮忙干活了，倒是想起了我！我让你能耐……"想着想着，章生二居然把黏土扔进了章生一的釉缸中。可怜的章生一并不知情，他用掺了黏土的釉施在坯上，烧制结束后，一开窑，章生一简直要疯了！确切地说，章生一的胆都要被吓破了！只见满窑的瓷器釉面都开裂了！裂纹有大有小，有长有短，有粗有细，有曲有直，并且形状各异，有的像鱼子，有的像柳叶，有的像蟹爪。章生一冷静了一会儿，他看着身旁装作若无其事的弟弟章生二，欲哭无泪。除了他，还有谁会干这种事情？但章生一忠厚老实，他想起了父亲临终前的遗言，他并没有跟弟弟理论，毕竟眼前最重要的事情是保命。

或许一切还有救？章生一拿着烧制好的瓷器泡了一杯茶，将浓浓的茶水涂在了瓷器上，裂纹马上就变成了茶色的线条。章生一又把墨汁涂了上去，谁知裂纹立刻变成了黑色的线条，于是"金丝铁线"就在这不经意间诞生了！可单是自己看着赏心悦目没用啊。章生一有点不自信，他将这个瓷器拿到集市上去卖，谁知道一会儿就被抢购一空！此时若将朝廷定的瓷器重新烧制的话，交货时间是赶不上了。章生一干脆咬咬牙、狠狠心，直接将带有裂纹的青瓷运往京城交差。没想到皇帝见后特别喜欢，还立刻要求增加进贡的数量，于是哥窑从那天开始火了。哥窑的这种缺陷，被文人赋予一种美的追求，叫缺陷美。

这只现藏于故宫博物院的宋代哥窑葵花式洗就是哥窑中的精细之作。它高 3.5 厘米，口径 12 厘米，足径 8.8 厘米，呈葵花瓣式，洗心微向内凸起，底部有 6 个支钉烧痕。此洗在宋朝人的生活中用途非常广泛，正如它的名字，可以作为盥洗用品，也可以当文房用品。它造型玲珑小巧，典雅可爱，单是用来观赏就已经很有艺术价值了。它通体施灰色釉，釉汁厚润。在烧造的过程中，由于胎和釉的膨胀系数不同，所以在瓷器出窑后，釉会开裂，于是瓷器的釉面布满裂纹，它们被统称为

| 宋 哥窑青釉葵花式洗

"百圾碎"。这些裂纹大小不同，颜色深浅不一，其中大片的纹线呈铁黑色，被称为"铁线"，小开片的裂纹如同金丝一般，所以就被称为"金丝"。这便是章生一当年偶然得到的"金丝铁线"的视觉效果。不过，哥窑瓷器可不仅有"金丝铁线"这一个特点。这个哥窑葵花式洗，釉面润泽如酥，釉中气泡密集，将其放在高倍放大镜下，仿佛一个个小小的珍珠堆积在一起，俗称"聚沫攒珠"。这些气泡的用处可大了！它们能使射入釉层的光线产生散射，如此一来，瓷器的釉面就会呈现柔润如玉的质感。

关于这"聚沫攒珠"，还有另一个传闻。据说宋徽宗时期，有一名太尉叫高俅，他不仅蹴鞠厉害，还会预测天气，这让当朝宠臣蔡京很是羡慕。蔡京担心高俅的恩宠盖过自己，就派人暗中观察高俅，可观察了

題文會圖
林端国古今同
飲飛毫醒醉中
士作新知八骰
圖猶喜見文雄

臣京謹依
韻和進

白家謹依
頷和進

将不與首當同
衣人歸大道十
笑苔平十八
士

宋徽宗赵佶《文会图》

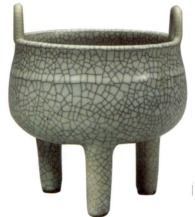

宋 哥窑青釉双耳三足炉

好久，都没有任何结论。好奇心强的蔡京就跑去找徽宗："官家，高俅有个特异功能，他能预测天气！"徽宗除了朝政，对什么都感兴趣，对此他听得目瞪口呆，于是把高俅给找来了："高卿啊，快快说说你有什么法术可以预测天气！"高俅拿出此前徽宗赏赐给他的一个哥窑香炉："官家，臣天天都在把玩这个香炉，只要香炉返潮出汗，三日内就一定会下雨，可灵了！"高俅还真的没有故弄玄虚，哥窑瓷器果真能预测天气，就是因为这"聚沫攒珠"的釉中气泡。因为哥窑瓷器通常釉层都很厚，最厚处甚至与胎的厚度相等。下雨前，空气中的水汽会增加，当水汽遇到釉层就无法穿透了，便凝结成瓷器表面的水珠，这种现象正好可以预测天气。

| 南宋 龙泉窑粉青釉纸槌瓶

南宋 龙泉窑 香炉
美国克利夫兰艺术博物馆藏

弟窑其实也不差

故事再说回来，章生一的哥窑如此成功，成了宋代五大名窑之一，那么章生二的弟窑又如何呢？其实弟窑就是后来我们所熟悉的龙泉窑，也是宋代的名窑之一。这个章生二除了心眼太小，他在烧造瓷器上确实很有一手。龙泉窑瓷器讲究的是纯粹无瑕，如同一块美玉，釉色以粉青釉为佳。

这只现藏于故宫博物院的宋代龙泉窑青釉贯耳弦纹瓶就聚集了龙泉窑瓷器的特点。它高 31.5 厘米，口径 10 厘米，足径 11.7 厘米，里外满釉，釉色十分青翠。它的器形仿照了古代青铜器中壶的式样，瓶体硕大，器形古朴端庄，是当时龙泉青瓷中的极品。除了这只青釉贯耳弦纹

南宋 龙泉窑青瓷香炉
日本名古屋德川美术馆藏

瓶，龙泉窑瓷器的造型还有很多种，其中最经典的莫过于仿商周青铜器的鬲（lì）式炉、仿玉器的琮（cóng）式瓶以及仿汉代的铜壶。而宋代人日常生活中所用的盘、碗、洗、炉、笔架、笔筒以及文玩器物等，随处都可见到龙泉窑瓷器。

宋 龙泉窑青釉贯耳弦纹瓶

想想章生二当年嫉妒自己的哥哥，还故意使坏，真是没必要，明明自己就身怀绝技，是个烧造瓷器的小能手，何苦去坑哥哥？或许章生二的心里也悔恨着呢！

其实，哥窑是中国瓷器史上的一桩"悬案"

作为宋代五大名窑之一的"哥窑"一直是学术界的讨论热点，因为它是中国瓷器史上长期以来的一桩"悬案"。从元代以来的文献直至今日的研究报告，有关哥窑的时代与产地众说纷纭，莫衷一是。更奇怪的是，哥窑瓷器基本上不见于考古发现，都是以宫廷收藏为主，因此哥窑又被称为"传世哥窑"。

收藏传世哥窑瓷器最主要的三处博物馆分别是故宫博物院、台北故宫博物院以及上海博物馆。北京故宫公开展出的有 58 件，台北故宫收藏有 150 件，上海博物馆有 15 件，可见当时的哥窑瓷器主要是供给宫廷使用。

南宋—元 哥窑青瓷葵口碟 台北故宫博物院藏

汝窑、官窑、哥窑、钧窑和定窑并称为宋代五大名窑，
你能找出下图中的哪个瓷器不属于宋代五大名窑里的吗？

A. 珐琅彩双环瓶

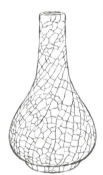

B. 胆式瓶

C. 天蓝釉紫红斑碗

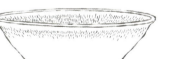

D. 黑釉兔毫盏

E. 青釉方花瓶

包绶砚台：
带你认识一个真实的"包青天"

一方粗糙的砚台，为何被评为国家一级文物

　　说起砚台，那真是我们平日里最常见的文具，它与笔、墨、纸并称"文房四宝"，又因为它性质坚固，可以传百世而不朽，所以它还被中国历代文人作为珍玩藏品。尤其是安徽的歙（shè）砚，南唐后主李煜曾说"歙砚甲天下"，苏东坡也给出这样的评价："涩不留笔，滑不拒墨，瓜肤而縠理，金声而玉德。"可见，歙砚在宋朝是非常名贵的砚台。不过，考古专家在包拯次子包绶墓中发现的这方歙砚就没有那么漂亮了。它高2厘米，长与宽均不超过20厘米，造型也很简洁，就是一个长方形的砚台配了个椭圆形的水池，整体呈灰黑色泽。这的确是歙砚，但它无论从选材还是工艺上，都是如此平平无奇，难称精品，但后

| 歙砚 北宋包绶用砚

来被评为国家一级文物。难不成在近千年前，这方砚台曾是哪位达官显贵的心爱之物？

那倒真算不上。这方歙砚的墓主人是包绶，他的父亲就是大名鼎鼎的"包青天"包拯，包绶是包拯的二儿子。

包拯清正廉洁，有"不持一砚归"的美名

历史上有个关于包拯的故事，叫"不持一砚归"。庆历元年（1041年），包拯调任端州（今广东肇庆）当知府。端州有一个特产，叫"端砚"，是中国四大名砚之一。每年端州砚民都会向皇帝进贡定额的端砚，这是钦定的贡品。在宋朝，一块端砚的价值可是超越了黄金！在包拯任职之前，历任端州知府都会在朝廷定额之外，加收一些砚台，从几倍到几十倍。这绝不是因为他们热爱工作，导致砚台不够用，而是他们将此作为贿赂京官的本钱，从而达到加官晋爵的目的。

面对这种行为，包拯深深鄙视。要知道，包拯可是北宋官场上著名

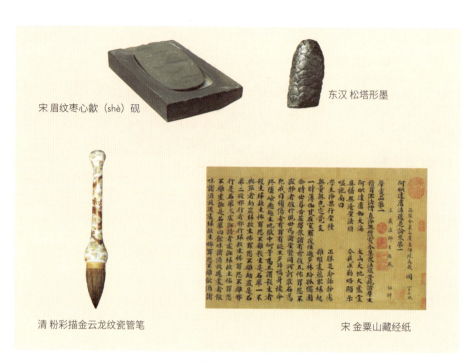

宋 眉纹枣心歙（shè）砚

东汉 松塔形墨

清 粉彩描金云龙纹瓷管笔

宋 金粟山藏经纸

文房四宝

的"钢铁侠"，他在安徽和县当知县那会儿，就以铁面无私而出名，就算是他亲舅舅，也曾被他当众打板子。到了朝堂之上，面对宋仁宗，包拯也毫不客气，他说话又容易激动，常常怼得宋仁宗满脸唾沫。有一次因为宋仁宗想加封张贵妃的伯父张尧佐，包拯一听，又激动了，他直言不讳地对宋仁宗说了一通道理。那次宋仁宗没有像平时那样把脸上的唾沫擦干净，而是直接带着满脸的唾沫去了张贵妃处，让张贵妃欣赏一下包拯的"杰作"："你看看我这满脸的唾沫，你要我加封你伯父，包拯就把我喷成这样！"此后，张贵妃再也没有提加封伯父张尧佐的事情。

连天子威严都抵不过他的原则，更何况几块端砚？包拯上任后，立刻就下命令："我严正声明：朝廷定额是多少端砚，你们就送来多少，多了的话，我一方都不会收！"这话说完，有人认为包拯只是故作清高，私下里敲开了包拯家的门，奉上名贵的端砚："包大人，还请笑纳！"包拯一听，愤怒至极，他对这个人说道："我严正声明过了！你竟然还想贿赂我？"于是，这位行贿的官员被狠狠杖责了，听闻此事的其他行贿者都胆战心惊。

包拯说到做到，他在任三年，真的连一方端砚都没收，他始终用着自己那破旧的普通砚台。三年后，包拯离任，当地制作砚台的工匠出于对包拯的敬佩与不舍，私下精心制作了一方端砚，他们发自内心地说道："包大人，请接受我们送给您的这方端砚吧！这是我们的一点心意，您公正廉洁，我们都享受到了这份福气！您把这方端砚拿着，做个纪念吧！"对工匠的这番肺腑之言，包拯很感动，但是他挥一挥衣袖，拎着自己的小包就走了，绝不带走一方端砚。当包拯走到半路，不禁有些困惑："咦？我的包怎么这么沉？"带着好奇心，包拯打开包裹，发现一方端砚赫然放在包中！包拯心里一惊："这下坏事了！我说过了，不持一砚而归！这可怎么办？"眼见就要离开端州，包拯坐在船上，只好将这方端砚扔进了江里。

史上最严家训：不从吾志，非吾子孙

　　"不持一砚归"这个故事被多处史料所记载，但也有人提出质疑："包拯会不会是装的？"对这个质疑，这方出土于包绶墓的歙砚却成了包拯及其子孙公正清廉的最好证明。包拯如此清廉，对自己的孩子自然也是要求苛刻，他曾立下史上最严的家训："后世子孙仕宦，有犯赃滥者，不得放归本家；亡殁之后，不得葬于大茔之中。不从吾志，非吾子孙。"包拯真是"人狠话不多"，短短37个字，却言简意赅地表达了他对子孙后代的要求。这也成了包家后代为官者行为规范的"底线"，谁违反，谁就会被开除"家籍"，死后连牌位都不能进宗室祠堂。这个家规是真狠！

　　也正因为家教如此严格，包拯的祖孙三代才会成为百姓深深爱戴的清官。包绶的墓志铭上载道，"生平清苦守节，廉白是务，遗外声利，罕有伦比"。据说包绶去世后，人们打开他的箱子，"诰轴著述外，曾无毫发所积为后日计者"。不仅是包绶，就连包拯的孙子包永年也

宋代牡丹纹石雕印盒，
由端石所制

恪守家训，这个曾经当过崇阳县知县的人，去世后，家人发现他真是太穷了，一点积蓄都没有留下，最后他的丧葬费还是靠两个堂弟资助的。

到 1973 年，当包拯家族墓群被发现后，专家们对其进行清理和发掘。墓中除了包拯及其夫人、子孙等六块墓志铭，还真没什么宝物，只有 50 余件不值钱的随葬品。这些随葬品也只是陶瓷器、铜镜、铜钱、银压胜钱等，连一件贵重的金器或玉器都没有。而这方歙砚，就在其中。看来"不持一砚归"的不只是包拯，他的子孙后代都这样。不然，包绶何以一直用着这方极为普通的歙砚呢？

一方如此不起眼的歙砚，甚至连精致都谈不上，却成了国家一级文物，它的价值早已不在于它本身，而在于彰显了包拯及其后代公正廉洁的高贵品质。

| 明宋濂《包公像》

文人砚

在文房四宝中，砚台是文人们最珍爱的物件。有些文人要求家人在自己死后，将砚台放在墓室里给自己陪葬。在《遂昌杂录》中，还记载了一则有关砚台的逸事："和靖先生岂有颔珠者，而杨琏真珈亦发其墓焉。闻棺中一无所有，独有砚一枚。"说的是在宋室南渡之后，杭州就变成了帝都，朝廷下令在孤山上修建皇家寺庙，山上原有的宅田墓地等完全迁出，唯独留下了林逋（和靖先生）之墓。没想到这给林逋带来了身后的麻烦，有的盗贼以为林逋是名士，墓中必定有许多奇珍异宝，于是去盗墓。这些窃贼挖开墓后发现，林逋的陪葬品居然只有一方砚台和一支玉簪。这不仅表现出文人对砚台的珍爱，也反映出砚台是读书人文化符号的象征。

在古代，文人将书法、绘画、诗词歌赋等融入砚台的设计制作中，从而表达自己的思想感情，于是"文人砚"就此诞生。

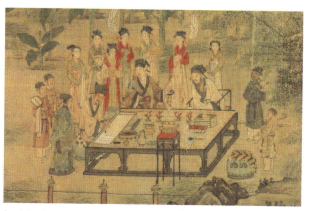

| 南宋（传）刘松年《西园雅集图》（局部）

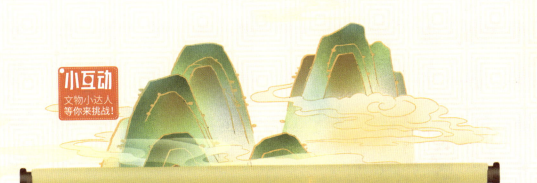

与笔、墨、纸、砚相关的成语有很多。根据下图，你能看出这是与"砚"有关的哪个成语吗？

鎏金腰带：
到底是谁的腰围这么粗

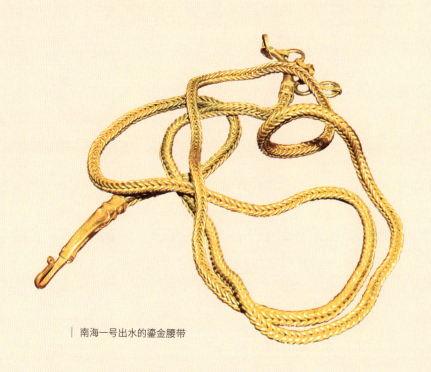

| 南海一号出水的鎏金腰带

一条长 172 厘米的鎏金腰带

说起考古，我们想到的事件起因一般都是这样的：在某个一切如常的日子里，建筑工人们在施工时，偶然发现了一个墓室，或是挖出了一个超大的陶罐。随后，考古专家们接到电话，急忙赶往现场进行挖掘与清理。但这条鎏金腰带可不是从土里挖出来的，而是从海底沉船里打捞出来的。这种发现文物的方式被称为"水下考古"。关于发现这条鎏金腰带的古代沉船，它有个酷酷的名字，叫"南海一号"。在 2001 年、2003 年，我国的水下考古学者分别对它进行了发掘，幸运的是这艘沉船的船体保存较好。虽然沉船的上层建构已经不复存在，

南海一号出水的金虬龙环

但主甲板及其以下的船舷、隔舱以及支撑结构基本保存完整。船舱内，还放置着整齐的瓷器和其他货物，是迄今为止南中国海域发现的保存最为完整的宋代沉船。

这条精美的鎏金腰带就是在这艘沉船上发现的。一开始，人们根本不相信它是系在腰上的链子，因为它足足有 172 厘米长。要知道，一个中国成年男性的平均腰围基本在 100 厘米以内。这 172 厘米的腰围，岂不是要两个胖胖的男人搂在一起

才能有的尺寸？往夸张里想，就算这条鎏金腰带是中国古代某个人的遗物，但他也太胖了！

正因如此，有人提出一个假设："这会不会是一条鞭子？"只见鎏金腰带细细长长，可以弯曲，这似乎是个不错的设想，可谁这么有钱，用镏金的材质来做条鞭子？这也太奢侈了吧！况且，这条鎏金腰带是用四股八条镏金丝线编织而成的，一端连接带钩，一端连接一方形饰件及四个小环。带钩是古人腰带上必不可少的配件，它可以锁定任意一个小环，以此调节腰带的松紧。单是从这个细节上看，就能断定它是一条腰带。

在宋朝，鎏金腰带可不是什么人都可以系的，再有钱也不行。按照宋制，四品以上高官方能束金带，四品以下官员只能系银、通犀带。小吏和庶民更可怜，只能系铜、铁、角、石、墨玉之类材料制成的腰带。可见，这鎏金腰带，一般的官员可不敢奢望拥有。

宋人升职加薪换腰带

说来令人唏嘘，很多人苦苦企盼的事物，有的人拥有了还觉得"烦恼"。北宋时期有位政治家叫寇准，他非常有才华，官拜宰相。他曾写了一首名叫《句》的诗，其中有这么一句："老觉腰金重，慵便枕玉凉。"大概是在某一天，寇准忽然有点淡淡的忧伤，他说自己老了，身上系的金腰带都觉得重了，想睡觉吧，又感觉这玉石做的枕头有些凉。尤其是"腰金重"戳中了很多人的心，人们认为寇准是在炫耀自己官做

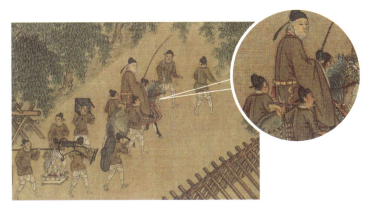

得太大。这简直是太过分了！难怪寇准后来遭到了晏殊的嘲讽。

而另一个有关于鎏金腰带的故事主人公就没这么幸运了，他的名字叫燕肃。燕肃天赋异禀，他不仅会作诗，还擅长绘画，精通音律。更厉害的是，他对天文历法也颇有研究。宋代莲花漏这种刻漏计时器就是他发明的。按理说，如此优秀的人，应该早就被提拔了吧？事实上，燕肃46岁才登科，起步确实有些晚。燕肃有点焦虑，为此，他写了一首陈情诗给当时的宰相，诗云："鬓边今日白，腰下几时黄。"真是岁月催人老，燕肃已做待制十年了，这十年，他的腰上一直系着黑色犀带。宰相看了这句诗后，一下就心软了。燕肃在诗句里表达得很隐晦，实际上他真实的心理是："宰相大人，求求你快让我升职吧！升职后就能系上金腰带了，这可是我的梦想！"

按宋代制度，只有官至龙图阁直学士，才可以被赐予金带。好在燕

《宋仁宗后坐像》
曹皇后身侧侍女满头
簪花，腰系金带

肃运气不错，当时的宰相很厚道，对燕肃也动了恻隐之心。他决定帮燕肃圆这个梦，于是在他的建议下，燕肃终于在 60 多岁时升直学士，这才得以系上金腰带。

在宋代，燕肃绝不是个例。南宋诗人陆游曾描述过，说在宋初，士大夫们见面了，你以为他们会说："××大人，最近身体如何？"或者"××大人，近日来可曾读了什么好书？"现实中才不是这样呢！他们最爱聊的话题便是"眼前何日赤，腰下几时黄"。穿绯紫色公服的官员挺多，但能够系金腰带和金鱼袋的官员寥寥无几。在宋徽宗时期，蔡京那么受宠，也只能系排方玉带，尽管如此，他已经非常满足了！

可能是一件出口商品

照这么推测，这条鎏金腰带极有可能是宋代某位高官的吧？但也不一定。宋代高官的金腰带都比较规整端庄，而这条从"南海一号"沉船

开元通宝

宋德化窑青白釉印花粉盒

上打捞出来的鎏金腰带与中国传统的腰带不同，它充满异域风情，具有波斯风格。这鎏金腰带有可能是这艘沉船上船长或船员的遗物，或者是要卖出去的货物。

在这艘名为"南海一号"的沉船上，还有许多其他文物。根据国家文物局在2019年公布的数据，"南海一号"沉船共出土18万余件精品文物，其中以瓷器、铁器、铜器、铜钱为主，还有一些金器、银器以及大量动植物标本、船木。此外，这艘沉船上还有铜镜、石砚、石雕佛像、石雕观音坐像、银锭等。在考古专家对"南海一号"沉船的船体残块进行检测时，发现船木包含了马尾松和杉木两类材质。马尾松可是生长于长江流域及其他区域的亚热带针叶树种，因此"南海一号"沉船很有可能是中国南方地区制造的一艘商船。这条线索，也许在暗示"南海一号"沉船或许与南亚或东南亚存在某些关系。而这条精美的鎏金腰带或许原本是要作为出口商品送达彼岸的，它见证了宋代繁荣的海上丝绸之路。

知识
来捡漏儿

在宋代想知道一个人的官有多大，看衣服就行

在宋代，不同品阶的官员穿着不同的服饰，从颜色上就可以区分。在宋神宗实施元丰改制以前，三品以上官员穿紫色，四品、五品穿红色，六品、七品穿绿色，八品、九品穿青色。元丰改制之后，朝廷取消了青色，四品以上官员穿紫色，五品、六品穿绯色，七品、八品、九品穿绿色。那么，平民百姓穿什么颜色呢？没有官位的老百姓只能穿黑、白布制的衣服，所以就有了"布衣之士"或"白衣之士"的称呼。

| 南宋（传）萧照《中兴瑞应图》（局部）

　　唯一能见证古代海上丝绸之路的沉船就是我国南宋时期的商船——南海一号。这艘沉船上不可能出现的物品是（　　）。

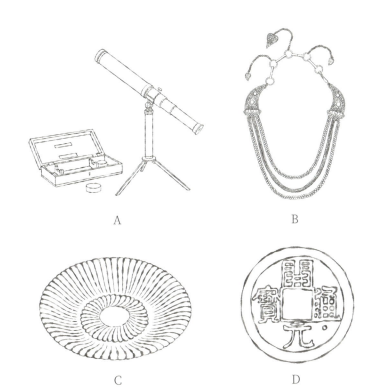

A

B

C

D

曜变天目茶碗：

这只茶碗里藏着整个宇宙

建盏中最高级别的神作

听说你还在用天文望远镜仰望星空？当你见到这只曜变天目茶碗时，你会发现整个宇宙都是你的，仿佛这只茶碗为你摘下了全宇宙的星星。这绝不夸张，这只收藏于日本静嘉堂文库的曜变天目茶碗真的会带给你无比的震撼。日本人还用"碗中宇宙"这样的词来描述它，他们说只要看到这只茶碗，就仿佛处在深夜的海边，听着海浪，抬着头仰望星空。这真的是一只茶碗能做到的事情吗？也太高深莫测了吧！

说起来很令人骄傲，这只神奇的曜变天目茶碗是南宋时福建建安水吉窑出品的一种黑釉建盏。在宋代，烧制瓷器的窑系特别多。你看宋代

宋 建窑油滴茶盏

出土的文物里，单是瓷器就数不胜数。在这些瓷器里，北方窑口烧制出来的瓷器比较豪放粗犷，而南方窑口烧制出来的瓷器大多瓷质细腻，釉色清雅。

不过，也有例外。在福建北部有一个深藏不露的窑口，这里烧制出来的瓷器胎质既不细腻，颜色也不够清雅。这两头都不占的瓷器，却偏偏入了皇帝的眼，被皇家定为御用珍品，是当时上至皇帝、下及达官贵族斗茶的珍品，这便是建盏。建盏的胎质多为灰黑、灰褐，含铁量较高，其釉色青黑带夺目斑纹，是高温烧制而成的。你可以这样理解，建盏已经很美了，而曜变天目茶碗是存世的宋代建盏中最高级别的神作，被称为"无上神品"。

"如有神助"的曜变，难以复制

事实上，凭宋代瓷器的烧制工艺，想拥有一只精致无比的茶碗真是再容易不过的事情，但既然被称为"碗中宇宙"，那就得有宇宙的样子。宇宙是瞬息万变的，作为一只拥有宇宙的茶碗，也必须拥有千变万化的超能力。这只曜变天目茶碗，其最大的特点就是可以在光的照射下，焕发出黄、蓝、绿、紫等色彩融合的彩光。这也太神奇啦！

不过，宋代的烧制高手们觉得这样还不够，为了让茶碗的表面出现宛若天际彩虹一般的缤纷效果，必须在烧制过程中使其形成一种非常薄的铁结晶膜。听起来简单，但这需要"超能力"！

不过"超能力"是不可以随意复制的，它需要天时地利人和，"曜变"本是一种窑变现象，发生的概率极其小，而要展现这样绚烂的图案

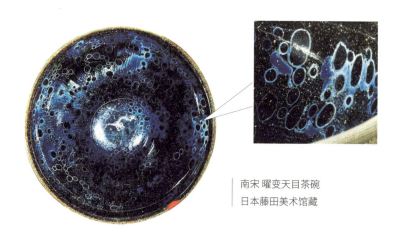

南宋 曜变天目茶碗
日本藤田美术馆藏

色彩，出现的概率更是少之又少。曜变天目茶碗的烧制成功具有极大的偶然性。这不仅仅是匠人们拥有精湛的技术就能完成的，只有在一定的温度条件下，它才会散发出迷人的七彩光晕。即使在南宋，曜变天目也极为珍稀。

如此傲娇的曜变天目茶碗在宋代瓷器中非常抢眼，是因为宋代瓷器讲究的是简洁大气，以细腻清雅为美。曜变天目茶碗的烧制范围很小，于是在南宋灭亡后，曜变天目茶碗的烧制工艺也就成了历史工艺的一个谜。

流入日本的传奇经历

这只收藏于日本静嘉堂的曜变天目茶碗就是南宋的传世孤品，它的直径只有 12 厘米，高 6.8 厘米，圈足径 3.8 厘米。茶碗中有褐色的圆点，在这些褐色圆点外面，竟然围着一圈银蓝色的光晕。说件非常神奇的事情，若是把这只茶碗放在黑暗中，它就会闪烁略显妖异的光芒，颜色千变万化，仿若一秒钟就被带入了宇宙星空，很难不让人产生错觉。随着历史的变迁，几经辗转，这只曜变天目茶碗最后流传到了日本，日本人也非常喜欢这一来自中国的古物，对茶碗里神奇的曜变图案更是着迷得不行！

据传这神奇的曜变天目茶碗原本是有两只的，流传到日本后，它很快就火了，成了日本王公贵族们争相追捧的宝贝。1511 年出版的《君台观左右帐记》记载道："曜变斑建盏乃无上神品，值万匹绢；油滴斑

| 南宋 建窑兔毫茶盏

| 南宋 建窑黑釉油滴天目茶盏

建盏是第二重宝，值五千匹绢；兔毫盏值三千匹绢。"当然，绝不是有钱就可以得到曜变天目茶碗的，有幸拥有它的，都是日本的王公贵族。其中有一只曜变天目茶碗就被织田信长所得。织田信长是日本战国时代到安土桃时代的大名、天下人，是日本"战国三杰"之一，相当于中国古代的一方诸侯。织田信长在得到曜变天目茶碗以后，自然也是珍爱无比，只可惜在天正十年（1582 年）发生了日本历史上著名的"本能寺之变"。织田信长在负伤后，忽然返回房间纵火自杀。这把大火烧毁了本能寺，那只曜变天目茶碗也就在大火中被毁。

好在还有一只，这只曜变天目茶碗现收藏于日本东京静嘉堂文库美术馆。它刚流传到日本时，归德川家康所有。德川家康是日本历史上杰出的军事家、政治家。他在得到曜变天目茶碗后，更是爱不释手，将其

宋 曜变天目茶碗
日本东京静嘉堂文库美术馆藏

尊为秘宝。后德川幕府第三代将军德川家光为了表达对长年照顾他的乳母斋藤福的感激，先是请日本天皇为其赐名"春日局"，后又将这只曜变天目茶碗送给了她。再后来，春日局又将这只曜变天目茶碗传给了母亲小田原藩主稻叶美浓守正则。到了明治年间，曜变天目茶碗几经辗转，到了岩崎小弥太手中，此时它已是天下名器。岩崎小弥太认为自己不配使用这只茶碗，便将这只曜变天目茶碗供起来观赏，后来，他将其送入了家族设立的静嘉堂文库美术馆。

宋代的茶是可以用来"斗"的

在宋代，一种撇钵形的黑釉深腹茶碗风靡全国，这种被宋代人称作"盏"的茶具在当时颇受欢迎。曜变天目茶碗也属于其中一种。"曜变"一词原意为"窑变""容变"。15世纪前后，人们开始用含有"星""辉"之意的"曜"字来命名。"天目"是古代铁系黑釉陶瓷的统称，天目瓷器（建盏）是中国宋代名瓷之一。

宋代人喝茶，喝的是一种高雅的享受，无论文人士大夫，还是达官显贵的夫人们，甚至是待字闺中的少女，对喝茶这件事，都有着近乎疯狂的执着。为了喝茶，宋代人还制定了一套烦琐的规矩，据说每一道程序的操作都会直接影响到茶水的质量。尤其是文人士大夫，他们对喝茶这事儿极为热衷，于是喝茶这件风雅的事情逐渐演变为一种被称为"斗茶"的游戏。

斗茶怎么能离开精美的茶具呢？于是，建窑黑釉茶盏成了斗茶的首选茶具。据史料记载，宋代斗茶多用福建武夷山的龙凤图茶。宋代人先将茶叶用茶碾子碾成细末，过筛后把茶末放入茶盏中，用少量的水搅拌成糊状，再用初次沸腾的水沏茶。这个时候，茶水的表面会浮起一层白色的茶沫。斗茶比的就是茶色的清白和茶沫的持久，黑色的茶盏由于釉色深，能衬托出茶色和茶沫，所以深受宋代斗茶者的喜爱。

宋代点茶法分八个步骤，简单来说是碎茶、碾茶、箩茶、茶末置盒、撮末于盏、点茶（注汤入盏）、搅拌茶末、置茶托。观察下图，这位侍者正在进行哪一个步骤？

马背上的酱釉马镫壶：
是实用器，也是艺术品

皮囊壶，极具游牧民族风格

宋代词人姜夔曾作了一首《契丹歌》："契丹家住云沙中，耷车如水马如龙。春来草色一万里，芍药牡丹相间红。"这首诗生动形象地描述了契丹族人的游牧生活。契丹人以"车马为佳"，因为他们生活在北方少数民族地区，所以他们的生产生活主要是以游猎、游牧为主，骑马射箭更是每个契丹男子的必修课。既然是马背上的民族，那么契丹人一定很重视车马具以及与车马相关的生活用品。

天天骑马射箭，体能消耗一定很大。如果不及时补充水分的话，那身体肯定吃不消，所以与他们息息相关的生活用品必须是可以随身携带的水壶。只不过这个水壶如果太笨重，或是不好携带，那可真是个累赘。说不定一个不小心，就能把水全都洒在马背上。于是，聪明的契丹人设计出了一种皮囊壶。皮囊壶，顾名思义，就是用皮革制作的水壶。这种皮囊壶的上部通常饰有鸡冠状孔鼻或鸡冠状提梁，所以它又叫"鸡冠壶"。又因为部分壶形有点像马镫，所以这种皮囊壶还被称为"马镫壶"。最初，契丹人可喜欢这种皮囊壶了。因为它轻便又好携带，耐用且不容易破损。每当契丹人外出狩猎或捕鱼时，就把皮囊壶带在身边，里面装着美酒、奶、水等，只要渴了，就打开喝一口，简直就是美滋滋。

虽说这皮囊壶携带方便，但它有个很大的缺点：装在皮囊壶里的水、奶、酒，如果气温升高，或是时间略长，就容易变质，就算没有变质，喝起来味道也有点怪怪的。为了解决这个问题，契丹人对这种皮囊壶进行了多次改良，他们先后将皮囊壶改为木质、银质、瓷质，但无论怎么改，最后都保留了皮囊的形状，尤其是瓷马镫壶，它上面还保留着皮绳、皮扣的纹路。据史料记载，当初不仅是契丹族的工匠在思考如何改良皮囊壶，这种器物传入中原地区后，汉族的工匠

辽 三彩釉环梁鸡冠壶

也在思考这个问题。最终，汉族的制瓷工匠也模仿着皮囊壶的外形，烧制出了鸡冠壶。这种仿皮囊瓷壶长时间储存水和酒都不会变质，所以也被称为皮囊壶。

定窑出品的定制款瓷器

这件在北京通州区侉店辽墓出土的酱釉马镫壶，被收藏于首都博物馆，泥质红陶，通高24.5厘米，口径5厘米，底径9厘米，通体施酱黄色釉，釉色较厚，晶莹光亮。它就是典型的早期瓷马镫壶。你看，它的器形似马镫。壶身两侧有水波纹，这是模仿契丹人背水用的皮囊壶而做，看上去极为生动。也不只是壶身两侧的水波纹，连这件酱釉马镫壶上用皮条缝制皮片的结、扣都仿制得惟妙惟肖。如此精致逼真的马镫壶是定窑的定制款瓷器。定窑是我国古代五大名窑之一，主要产地在河北曲阳，而曲阳县古属直隶定州管辖，所以取名为定窑。定窑原本只是民窑，到了北宋中期才开始烧造宫廷用瓷，它最擅长烧制的是白瓷，兼烧黑釉、酱釉以及绿釉瓷。来自契丹的马镫壶造型颇有民族风情，于是中原地区的工匠模仿皮质马镫壶烧制瓷质马镫壶。谁知，这瓷质马镫壶烧制出来没多久，渐渐地就传到了北方地区，深受契丹人的喜爱。

契丹族人对如此精致的瓷质马镫壶，爱不释手，倒入酒水以及奶制品，一两天内都不会变质，并且因为马镫壶的内壁是瓷质，清洗起来也方便，根本不会因为饮料原本的气味而串味儿。因为马镫壶，契丹人与中原地区人们的交流变得紧密起来。许多汉族工匠从中原来到了北方，

辽 酱釉马镫壶

| 辽 鸡冠壶

他们将中原地区杰出的烧瓷手艺与契丹民族的风俗习惯结合起来，于是大量精美别致的鸡冠壶出现了。

鸡冠壶外形的演变

不过这鸡冠壶的器形可不都是一样的，它们大致可以分为两种：提梁式与穿孔式。穿孔式的鸡冠壶非常适合在骑马的时候随身携带，它上部有两个圆孔，可以用来系绳子，方便悬挂在马背上。你看，这件酱釉马镫壶的顶部就有两个非常明显的圆孔，想必当年它也被一个骑着骏马的少年系上绳子，然后随着骏马奔驰在大草原上。

那么这鸡冠壶密封效果好吗？别急，这件酱釉马镫壶不就告诉你答案了嘛！只见这件马镫壶顶部的另一侧有一个细高的壶口，在壶口的上方，有一个小盖子。这个小盖子看上去非常精致，它由三层组成，下面两层比较宽扁，非常紧凑地挨在一起，想必是用来增加密封性的设计。

而最上面的一层盖子，更像是一个小帽子，大概是为了方便使用马镫壶的人拧盖子，看上去非常顺手。这个壶口的设计，乍一看，还真的有点像大公鸡的鸡冠，而另一端凸起的部分，好像大公鸡竖起来的尾巴。换个角度看，这个壶口还有一点像小宝塔。如此一来，就算是将它放在马背上，任骏马肆意奔跑，这壶里的水依然不会洒出来。

这件酱釉马镫壶是鸡冠壶的早期器物，因为到了后来，出现了提梁式鸡冠壶，它更适合摆放在居室里。提梁式鸡冠壶的出现，一方面是契丹族与中原地区文化交流的结果，另一方面是因为契丹族渐渐定居下来，他们有在室内喝水的需求。因此，提梁式鸡冠壶渐渐地占据了主流地位。

公元 1004 年，宋真宗和大辽萧太后缔结盟约，双方都表示要结束战争状态，积极开展贸易往来，互派使者。在这样的时代大背景下，鸡冠壶的外形也随着时代的变化而变化，它的形态越来越丰富。契丹族的制瓷业充分学习吸收了北宋陶瓷的特点，它也从最初的结实耐用变为精致纤巧，富贵华丽。鸡冠壶不仅增加了高度，器身上的花纹也渐渐丰富了起来。从前鸡冠壶上象征着皮囊的痕迹渐渐消失，取而代之的是中原地区常见的、带有美好寓意的卷草与花卉，甚至有的鸡冠壶上还有动物、人物的可爱造型，看上去更加丰富灵动，富有生机。

可以说，鸡冠壶外形的演变历程，几乎就是契丹族与中原地区的文化艺术交流史。而这件酱釉马镫壶，它不仅是一件艺术品，更是印证了契丹族与汉族的互相学习和文化交融。

草原上的精致男孩

契丹人以"车马为家",骑马射箭是每个契丹男子的日常功课。在考古发掘的辽代墓葬中,曾出土大量车马具和游牧生活的特有用具。除了我们所熟悉的马镫壶,契丹男子在马背上的日常可谓非常精致,他们极为重视马具的制作和装饰。一套完整的马具包括鞍、镫、络、衔、缰、带、饰件,即使最细小部分的设计也是匠心独运。此外,出土的还有木弓、木弓囊、箭、玉柄银刀、玉柄银刺鹅锥、鸣镝、佩弓箭腰带、架鹰臂鞲(bèi)等狩猎工具。

| 北宋 佚名《番骑图》

装备如此精良的契丹人,游牧和狩猎自然是他们生活中的重要内容。据记载,在宋真宗时期,晁迥有一次出使契丹,看到契丹的国主身上佩戴着金玉锥。金玉锥就是用来杀鹅杀鸭的。当时的契丹国主只要抓到鹅或鸭,当场就把它们的毛给拔了,然后直接下锅。契丹人还有一门绝活,叫"凿冰钩鱼",他们会在冬季冰冻的河湖上凿开冰洞,用尖锐的鱼钩将鱼给钩上来。此外,山林间的兔、大雁、鹿、豹、熊等,都是契丹人狩猎的对象。每天这么大的活动量,也难怪草原上的契丹人会为自己准备这么齐全精致的装备。

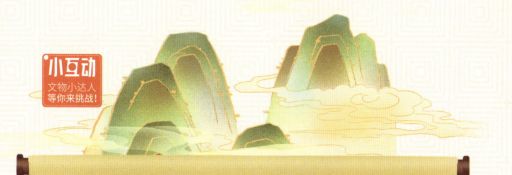

请观察下面的图片，哪一件文物是鸡冠壶？

A

B

C

D

银鎏金镶珠金翅鸟：
一只凶恶的镇水神鸟

一次古塔维修，让国宝意外现身

说起大理，人们常常会想起苍山、洱海、蝴蝶泉等著名的自然景观，或者是大理古城、崇圣寺三塔等人文古迹。1978年，文物部门对年久失修的崇圣寺三塔进行保护性维修时，在主塔千寻塔的塔顶、塔基处，发现了大量南诏大理国时期的文物，多达580件。其中，最多的是大理国时期的文物珍品，"神鸟"在这些文物珍品中显得尤为耀眼。这件"神鸟"有一个好听的名字：宋大理国银鎏金镶珠金翅鸟。不过这个名字太长，人们喜欢亲昵地称它为"金翅鸟"。

这件金翅鸟通高只有18.5厘米，重125克。它的材质为银质，通体鎏金，无比华贵。它头饰羽冠，颈部细长，鹰喙微张，表情却很凌

厉，昂首怒目，一副很不好惹的样子。头顶有一颗如意珠，尾羽是一束镂空的火焰，正在向上腾起，上面还镶嵌着五颗晶莹剔透的水晶珠。仔细看，它的周身还錾刻着细致精美的羽毛。两只爪子无比锋利，从细微处能感觉到它正牢牢地用脚掌站立于莲花宝座之上。它似乎身负某种使命，正要展翅高飞，引颈长鸣，俯瞰着波澜壮阔的洱海。它的身材虽然娇小，却带给人们一种震慑心灵的力量。

造型精美绝伦，守护大理千百年

在整件银鎏金镶珠金翅鸟中，最引人注意的莫过于它的尾羽，这个造型设计实在太令人震撼了！金翅鸟尾羽的造型非常夸张，它像是一束火焰，为了让火焰看起来更加灵动逼真，宋代工匠使用了镂空设计，还在尾羽上镶嵌了五颗水晶珠。这也提升了整个金翅鸟尾羽的层次感。

金翅鸟尾羽造型

金翅鸟尾羽这团"火焰"烧得很旺，一直延伸到金翅鸟头部的后方。这团"火焰"在佛教中被称为"背光"，它代表着"佛光普照，永断无明"的意思。这种火焰纹饰的莲花瓣形状的背光，是南诏大理国时期佛教神祇造像的一大特点。回想一下，我们在一些寺庙中见到的那些菩萨，是不是背后都有这样的"背光"？金翅鸟的尾羽与它的羽冠呼应，造型都比较夸张。在金翅鸟的脖颈处也镶嵌了三颗水晶珠，可惜它们在出土时已经脱落，但这并不妨碍这件金翅鸟看起来惊艳又协调，颇有艺术美感。其实金翅鸟作为护法神，在很多地方的造型设计并没有这么夸张惊艳，尤其是拥有头光、背光的金翅鸟形象就更少了。从这里可以看出，在南诏大理国时期，金翅鸟在老百姓心中有着无比崇高的地位。

铸造这样一件金翅鸟可不容易，既要展示金翅鸟外形的雄健有力，又得体现出金翅鸟几欲一飞冲天的气势，这对工匠们的技艺是极大的考验。在铸造这件金翅鸟的时候，工匠们分别采用了铸造、錾刻、焊接、捶揲、鎏金、镶嵌等多种工艺。就像我们拼接手办模型一样，得先把各个部件铸造完成，再着重去细化一些特别的部位。比如金翅鸟的羽毛纹饰，尾羽上对称的镂空装饰，这些部位需要使用錾刻工艺，在制作的时候可得小心翼翼，否则，一些细小的部位就会断裂。所有的部件铸造好以后，工匠们再将它们焊接成形，并通体鎏金，最后来一个"点睛之笔"：在金翅鸟尾羽、颈下以及双翅两侧镶嵌水晶珠。

值得注意的是，这件金翅鸟可是在南诏大理国铸造而成的。这说明，当时云南的金银器制作技艺相当高超，或许南诏大理国的工匠与中原地区的工匠还曾经切磋过技艺呢！

"超凶"的金翅鸟，能食恶龙消水患

金翅鸟的原型来源于藏传佛教，梵名为迦楼罗，也被称作"妙翅鸟"，它是佛教的"天龙八部"之一。这天龙八部包括：一天众、二龙众、三夜叉、四乾闼婆、五阿修罗、六迦楼罗、七紧那罗、八摩睺罗伽。在佛教中，据说许多大乘佛经叙述佛向诸菩萨、比丘等说法时，常常会让这些天龙八部参与听法、护法。这只迦楼罗盘旋于释迦牟尼之上，所以它是头部护法。大概从这件金翅鸟的眼神里，你就能读出它的凌厉。事实上，佛教神话故事里的金翅鸟不仅凌厉，它还是一只以凶恶扬名的大鸟。据说金翅鸟展翅高飞，可以飞336万里，一天就能游完四海。如此凶恶的大鸟，有一件听上去令人惊悚的事情：它的主食不是米饭，也不是面食，而是以吃龙为主，每天至少要吃掉500条小龙，也有一些神话传说中有金翅鸟一天能吃3000条小龙的说法。为了吃到小龙，金翅鸟常常用翅膀扇动海水，让海水分离，如此一来，它就能轻而易举地吃掉海里的龙。面对如此凶恶的金翅鸟，龙族苦不堪言，于是让龙王向佛祖求告。佛祖一听，心生不忍，就用袈裟遮住了龙，这才保住了龙族一脉。再后来，金翅鸟迦楼罗与龙都受到了佛祖的感化，一起成了天龙八部护法。

大理国 崇圣寺金阿嵯耶观音立像

这是一个典型的佛教神话故事，听起来非常神秘，但往往这些神秘故事的产生都与现实生活有关。在古代，大理可不像现在这样岁月静好，它濒临洱海，河海纵横，常常会遭遇洪水。一旦洪水气势汹汹地来临，老百姓就遭了殃。这洪水泛滥得过于频繁，老百姓就开始异想天开，为了求得心安，他们编出了另一个故事。古代的大理老百姓认为，洪水暴发是因为恶龙和蛇在水里搏斗。正当老百姓被洪水折磨得苦不堪言之时，一只长着尖喙、尖爪和拥有巨大金色翅膀的鸟从天而降，它勇敢地与水中的龙蛇争斗，最后这只金色翅膀的大鸟非常英勇地把洪水里的龙给吃掉了！自从有了这个传说故事以后，大理的老百姓就把金翅鸟奉为保护他们的神鸟，于是将金翅鸟放置在塔顶，用来防止洪灾。这个民间传说流传至今。明万历年间，云南著名的文学家、理学家李元阳还曾在《云南通志·寺观志》中记载："崇圣寺三塔各铸金为顶，顶有金鹏，世传龙性敬塔而畏鹏，大理旧为龙泽，故以此镇之。"

李元阳在文中提到的"金鹏"指的就是金翅鸟。事实上，宋代大理老百姓更习惯称它为"大鹏金翅鸟"。"大鹏"这个形象最早来源于道家的代表人物庄子，他在《庄子·内篇》的首篇《逍遥游》中写道："北冥有鱼，其名为鲲。鲲之大，不知其几千里也。化而为鸟，其名为鹏。鹏之背，不知其几千里也。怒而飞，其翼若垂天之云。是鸟也，海运则将徙于南冥。南冥者，天池也。"所以，老百姓是把这两种神鸟给混淆了吗？倒也不是，这是因为佛教原本属于外来文化，但在传播的过程中又被本土化了。加上金翅鸟与大鹏原本就很相像，于是老百姓将这两种神鸟视为同一类，叫着叫着，就习惯了。这也证明了在崇圣寺三塔的塔顶铸造金翅鸟的用途。而在这段记载中，我们还得知另一个真相，就是这三塔的塔顶曾经也铸造过金翅鸟，与藏于塔内的这件银鎏金镶珠金翅鸟共同震慑过水患。那么为何塔顶的金翅鸟消失了呢？或许是因为

| 大理国 张胜温《梵像卷》之药师琉璃光佛会图

| 大理国 张胜温《梵像卷》之大理国王利贞皇帝礼佛图

1925 年，大理发生了大地震，千寻塔上的金翅鸟被震落了。1978 年的考古工作中，考古专家在塔顶清理出了金翅鸟残存的足部，这也从侧面论证了李元阳所记载的金翅鸟完全符合史实。

这件具有云南佛教艺术特色的银鎏金镶珠金翅鸟，不仅是宋南诏大理国时期老百姓心中的镇水神鸟，更是这个时期当地金银器物的杰出之作，堪称我国的艺术瑰宝。

大理国与宋王朝交好

远在石器时代，大理地区就有古人类居住。唐宋时期，大理先后出现隶属于唐宋王朝的南诏国和大理国两个地方政权。

与任何王朝一样，在大理国建国的第158年，段氏王朝的统治被迫中断。当时的相国高升泰勾结朝中大臣，演了一出"群臣相请"的大戏，从而让他登上了皇位。或许是命运的安排，高升泰登基两年后，忽然病逝。临终前，他留下遗命，称要把政权还给段氏，他们高氏仍然世代为相。

高升泰逝世后，即位的便是段正淳。自段正淳以来，大理国与中原的宋王朝交往极为频繁，宋徽宗还曾派四大学士入大理国讲学，建孔庙，习六佾（yì）。13年后，段正淳禅位为僧，段和誉即位，成了大理国第16代国王。在他在位的39年里，大理国与宋王朝始终保持着友好的关系。在此期间，大理国向宋王朝入贡过大理马、麝香、牛黄、细毡等土特产，还派魔术师到宋朝去表演。段和誉此举深得宋徽宗的礼遇，于是册封他为金紫光禄大夫、云南节度使、大理国王等。

大理国地处中国西南，崇信佛教，同时信奉本民族的原始宗教，所以遗留了许多与宗教相关的历史文物。又因大理国与宋王朝联系紧密，交流频繁，所以许多物件的制作工艺极为精湛。

佛教中把空中飞行的天神称为飞天，飞天是莫高窟壁画最为经典的元素之一。天龙八部中的（　　　）与（　　　）即人们俗称的"飞天"，也是佛的护法神之一。

| 飞天手绘图

海船纹铜镜：
告诉你宋代海上贸易有多繁荣

简单素雅，宋代铜镜具有鲜明的时代特征

一千多年前，唐太宗李世民曾经以镜子为喻，在思念谏臣魏征时，说出了"三镜论"："夫以铜为镜，可以正衣冠，以古为镜，可以知兴替，以人为镜，可以明得失。朕常保此三镜，以防己过。"正因为有了李世民与魏征这两个"代言人"，唐代的铜镜在出土以后总是会格外受到社会各界的关注，比如海兽葡萄纹镜、打马球纹镜、盘龙镜、人物故事镜等。相比之下，宋代铜镜的光芒就有些被遮盖了。相比于唐代铜镜的华丽繁复与雄健豪放，宋代铜镜显得更为简洁与雅致。

出土最多的却是宋代的一种素面镜，即镜背不做任何装饰，相当多的素面镜背上有类似印章式的长方形框，用来标注产地商家。考古发掘

北宋 王诜《绣栊晓镜图》

宋 湖州镜

中，数湖州镜出土最多，而湖州镜的出土地点几乎遍及南方各地，多个省市都有出土。在日本出土和收藏的宋代铜镜中，也以湖州镜居多，可见湖州镜是宋代流通量最大的铜镜。

在湖州镜中，只有少数是官府制作，铭文题"湖州铸鉴局"。因为宋代商品经济空前繁荣，大多数铜镜是私家作坊产品，有石家、方家、薛家、陆家等。这些铜镜大多数是一色青，简单素雅。同时期的辽金铜镜也先后出土过几面，它们的形状工艺与中原地区相似，但会带有一些民族风情，比如双鱼镜、金柳毅传书铜镜等。

海船纹，映射着一个属于中国的大航海时代

然而宋代铜镜也不都是简单素雅的风格，这件

收藏于吉林省博物院的海船纹铜镜，在那些出土的湖州镜中就显得格外特别。它直径 17.3 厘米，边厚 0.6 厘米，镜体是八瓣菱花形，半球形钮。镜钮上方铸有篆书铭文"煌丕昌天"。这面镜子不是素面镜，它所展现的场景是在海上。它的镜背图案以海波纹为底，起伏着的波涛中有一艘桅杆高耸的海船正在行驶，船头、船尾以及船舱中的人物依稀可见。海船纹，又叫航海纹，宋金时期大量出现在铜镜上，是一种新型风格的纹样。

难道在宋代就有人航海了？这当然啦！自唐朝末期以来，吐蕃、契丹、党项、女真等少数民族相继崛起，阻隔了中原王朝通往西域的交通，同时由于全国的经济中心已由西北、中原转向南方，东南沿海城市成为新的对外贸易港口。在这个时期，宋代的造船技术提高了，宋代的科学家还发明了海上指南针，这样一来，宋代的海上丝绸之路就通了，于是宋代的海外贸易非常兴盛。其实早在北宋时期，开辟海上丝绸之路这件大事就已经得到了朝廷的高度关注，毕竟海外贸易不仅能促进经济发展，还能加强中外文化交流。宋太宗曾派人分四路前往南海探寻路线。到了北宋中叶，朝廷担心商船夹带兵器以及违禁品到辽统治区域，于是禁止商人从海路去往登州（今山东蓬莱）。南宋时，山东半岛的出海港口已被金人所占，主要通商港口是明州、广州。为了发展远航，这些城市都有规模很大的造船厂。

这面海船纹铜镜中的那艘船造型设计非常巧妙，船身部分，工匠只用了两道简约线条，便将整个船身形象地勾勒出来。而在船身上，

金 海船纹青铜镜
吉林省博物院藏

宋 双凤镜

宋 云纹带柄铜镜

有四道篷索，它们从不同的方向对高耸着的桅杆加以固定，形象生动而逼真，又贴合实际。或许这艘海船正是驶往海上丝绸之路的商船，它承载着宋代海外贸易的重任，也承载着宋代商人的期盼与对港口那一方的向往。

在唐代，鉴真和尚东渡日本，几次皆因船出现问题而发生事故。宋代以后，朝廷更加重视海船的制造，于是宋代的海船比起传统的河船更加高大坚固，制船技术也更高。据《梦粱录》卷十二《江海船舰》描述："浙江乃通江渡海之津道，且如海商之舰，大小不等。大者五千料，可载五六百人；中等二千料至一千料，亦可载二三百人。"宋神宗时期，朝廷为了派人出使高丽，曾经打造过两艘万料船，并且给它们起了非常神气的名字，分别为"凌虚致远安济神舟"和"灵飞顺济神舟"。

宋 佚名《江帆山市图》
该画是古画中屈指可数的描绘中华帆船的作品

在这面海船纹铜镜中，我们还可以清晰地看到船只中的人物，他们坐在船上，似乎在讨论到达下一个港口时，要怎么去谈一笔大生意。而这船上的人物身份，除了我们所熟悉的船长、船员、商人、匠人以及侍者，还有一种人物身份叫舟师。据《梦梁录》记载，南宋的舟师能够"观海洋中日出日入，则知阴阳；验云气则知风色顺逆，毫发无差。远见浪花，则知风自彼来；见巨涛拍岸，则知次日当起南风……"看出来了吧？这舟师就是海船上的技术管理人员，他们对天象、气象以及一些自然现象都有着丰富的经验，如此才能保护整艘海船人员以及货物的安全。

铭文和铜镜纹饰呼应，希望保佑航海顺利

除了有海船以及海船上的人，这面海船纹铜镜背面的浮雕上，给人

宋 苏汉臣《妆靓仕女图》

"煌丕昌天"铭文

带来视觉冲击的还有那根高耸的桅杆。这根高耸的桅杆足足高出人体身高数倍，在这样有限的空间里，设计如此鲜明的高度对比，想必铸镜工匠是为了突出大海的波涛汹涌。除了用桅杆与人体身高的对比，工匠还在船体四周雕刻了海浪的波峰与波谷，同样是用了夸张的手法，更显示出了海船在大海上行驶的凶险。

还有一点很特别，这面海船纹铜镜的镜钮上方铸有篆书铭文"煌丕昌天"。《说文解字注》解释道：煌者，辉也。丕者，大也。昌者，美言也。由此可见，这些铭文都代表了一个意思，那就是祈祷上苍保佑，希望出海者平安。可见，这面海船纹铜镜不仅是海船上人们的生活用品，还是带有宗教色彩的祈祷用品。或许，这面海船纹铜镜是船上某个人的家人所赠，在他出海前，将其放在他的行李中，希望他能够平平安安地回来。为了祝福，也为了安心，

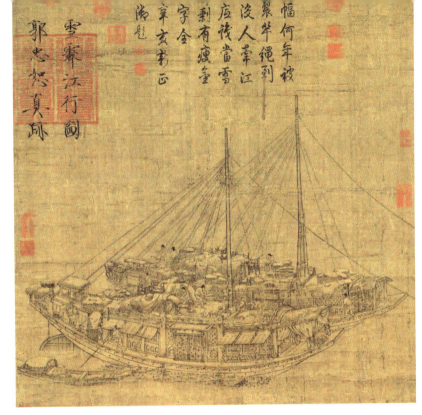

| 北宋 郭忠恕《雪霁江行图》中的船舶

宋代工匠便在海船纹铜镜上刻下了"煌丕昌天"这样带有祈祷的铭文。

  毕竟在古代，铜镜还是象征夫妻恩爱、和谐美好的器物。古代民间有一传说，女子的嫁妆里必然有一面铜镜。一对夫妻假如有一方先离开，人们就会将铜镜分为两半，一半随着离世的那方入土，另一半等到另一方也去世的时候，再一起安葬。

  这面海船纹铜镜构思奇妙，写实性极强，它生动地展示了宋代海船在海上行驶的场景。而从海船纹饰上的一些细节可以看出，铸造这面海船纹铜镜的工匠对航海生活非常熟悉，这也从侧面反映了宋代海上贸易的繁荣。

宋代的海上丝绸之路

海船纹铜镜的镜背图案是宋代行驶在海上商船的一个缩影，镜背上的海船看上去造型十分简洁，但事实上，宋代的商船可是非常豪华的。在两宋时期，宋代的造船技术和航海技术比唐代有了明显的提高，尤其是指南针被广泛应用于航海，这使得宋代商船的远航能力大大提高。

商船行得远、开得稳不算什么，关键的是要有"销路"。当时的宋朝与东南沿海国家一直保持着友好的商贸合作关系，当时的广州还成了海外贸易第一大港。因为海上贸易的繁荣，宋朝政府还颁发了"元丰市舶条"，也就是有关海上贸易的法律法规，这使得宋代的海上贸易得到了进一步的发展。为了防止钱币外流，后来南宋政府于嘉定十二年（1219年），下令以丝绸、瓷器交换从外国进口的物品。如此一来，中国的丝绸和瓷器向外传播的数量日益增多，范围也逐渐扩大。

宋代的海上贸易最值得说的就是瓷器，宋代的瓷器颇受世界各国的欢迎。1987年8月，广州打捞局意外地在珠江口以西、距广东阳江东平港以南约20海里处发现了一艘宋代商船，打捞出200多件珍贵的瓷器。这是一艘来自南宋初期的商船，它是当年在海上丝绸之路向外运送瓷器时失事沉没的木质古沉船，后被命名为"南海一号"，经过考古学家的打捞与修复，"南海一号"上的很多瓷器与珠宝出现在了世人面前。

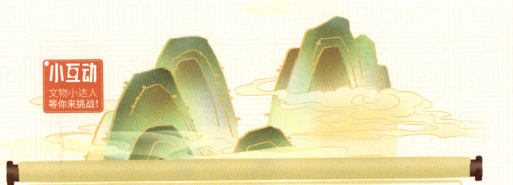

　　铜镜，有着清晰的发展脉络。战国、汉、唐，是铜镜发展的高峰时期。山字纹镜是战国铜镜数量最多的一个品种。汉代铜镜则越来越生活化，纹饰清新秀丽，其最大特色就是镜背上刻有铭文。唐代铜镜以其杰出工艺与华美纹饰著称。两宋是铜镜史上的一个转折点，这一时期在镜形上推陈出新，出现了桃形、钟形、鼎形、盾形、瓶形、带柄形等。你能从下面的文物中认出哪个是宋代铜镜吗？

A. 仙人龟鹤纹柄镜

B. 金银平脱四凤纹方镜

C. 草叶纹四山字铜镜

D. 长贵富草叶镜

南宋《歌乐图》（局部）

显微镜下的历史细节

宋人的黑科技：
像海胆一样的蒺藜陶弹

不过时的防御性武器——铁蒺藜（jílí）

无论在沙地山坡，还是田野草丛，我们随处都可以看到一种叫蒺藜的草本植物。它呈圆形，浑身长满了刺，小小地隐藏在草丛中，但它的杀伤力极大。只要碰到它，就会被它身上的刺扎破皮。或许正是这种带有疼痛的记忆，使古人在制造兵器的时候，以它作为原型，并且给这种兵器取名为"蒺藜"。

早在先秦时期，蒺藜就已经被发明出来了。不过蒺藜这种兵器的装备一直都在升级。最初它是用木头做的，后来人们发现木头的威力不够，就让制造兵器的工匠们将木头升级为铁。从此蒺藜这种兵器在漫长的一段历史中被称为"铁蒺藜"。铁蒺藜这种兵器的功能是在战场上制

铁蒺藜

辽宁省沈阳市南郊奉集
小屯出土的蒺藜陶弹

造障碍。当敌方准备进攻之时，军将们就把铁蒺藜撒布在地上，使敌方行动迟滞。有的铁蒺藜中心还有孔，可以用绳子将其串联起来，以方便敷设和收取。当满路都是铁蒺藜的时候，必将会杀敌方一个措手不及。铁蒺藜除了可以制造障碍，还是一种酷炫的防御武器。铁蒺藜常被隐藏在防御地带、城池四周，有时军营的四周也会有所布设。只要敌方有一点点风吹草动，铁蒺藜都会给予对方最疼痛的警告。

　　如此威力十足的兵器，自然被流传到了宋代。宋代朝廷对兵器的研发非常重视，尤其是铁蒺藜，人们对它进行了好几次装备升级。宋代的工匠们先是将铁蒺藜的应用场景扩展，它们不仅可以在路面设置障碍，在水面上也可以对来往的军舰船只进行阻挡。为了满足各种环境下的使用需求，制作蒺藜的材质也变得丰富起来，除了铁蒺藜、木蒺藜、竹蒺藜，擅长烧制瓷器的宋代还出现了陶蒺藜。可是不断地设置路障也不是长久之计，毕竟双方都早已熟悉了这个套路。就在此时，一种名叫蒺藜陶弹的火药兵器"横空出世"了！

威力惊人的火药武器——蒺藜陶弹

蒺藜陶弹听起来有点陌生，但你一定不会忘记影视剧中两兵交战的场面，尤其是一枚枚球状物被点燃后，再用投石机高高抛起，圆球上裹着一团团火，冒着烈焰浓烟，犹如流星般飞向敌方阵地，一时间战火熊熊……这枚球形器物就是来自宋代的蒺藜陶弹，又被称为瓷蒺藜火球。它通体施绿釉，直径为 13 厘米。它浑身长满逆刺，多达 142 个。每根逆刺的长度约为 2 厘米，上部顶端还有一个直径为 0.8 厘米的小孔。整个器形胎质厚重，别看它体积不大，却足足有 0.78 公斤重呢！这看上去像海胆一样的物件，竟能在战场上具有如此大的威力，难不成其中有什么奥秘吗？

是的，这枚蒺藜陶弹暗藏着古代人制造兵器的黑科技。它的玄机还得从顶端那个直径

蒺藜陶弹
甘肃省庆阳市镇原县博物馆藏

为 0.8 厘米的小孔说起。这个小孔看上去微不足道，但它的用途可不小，它是专门用来装置火药及引火线的。而蒺藜陶弹的内胆是定心药室，里面还装了一个小铁块。当蒺藜陶弹用来作燃烧性兵器时，它的内壁当然是越薄越好，因为当它爆炸的那一刻，所有的内壁都会被炸得粉碎。最初这些碎片会落在地面或建筑物上，四处飞落的碎片仿若一颗颗火种，散布燃烧在战场上……只不过这些瓷片又薄又碎，杀伤力很有限，并不会给敌方造成很大的伤亡。

为此，制造兵器的工匠们苦思冥想。终于有一天，他们想到了一个办法。那就是在陶罐的表面加上蒺刺，这些蒺刺又大又粗。如此一来，升级后的蒺藜陶弹在爆炸时，就不再会是一堆小瓷片了，而是变为了铁刃碎片，引爆后威力迅速增加。你以为蒺藜陶弹的蒺刺只是尖锐吗？早在这些铁刃碎片被放入蒺藜陶弹的定心药室时，工匠们就在里面掺了火药，中间还穿插了一根一丈长的麻绳。这根麻绳也不普通，它的表面早已用纸敷上了易燃的火药，于无形中又增加了蒺藜陶弹爆炸时的威力。

白帝城遗址出土的
南宋铁火炮

南宋 刘松年《中兴四将图》

重庆奉节白帝城樊家台遗址
兵器埋藏坑出土的南宋兵器

在蒺藜陶弹的基础上，宋代还出现了霹雳火球。霹雳火球外形与蒺藜陶弹相似，它是将火药与瓷片一同装进竹筒内。在燃放的时候，会发出霹雳般的声响。就算人没被炸死或吓死，估计耳朵也得震聋了。还有更厉害的毒药烟球，它是将蒺藜陶弹内的普通火药升级为能够散发毒气烟雾的火药，一旦引爆，毒气四散，敌人逃无可逃。

"火药"这个词最早出现在宋代

这样看来，火药在这中间起到了很大的作用。其实在唐代，火药就已经出现了，只不过到了宋代，火药才演变成应用于两兵交战的火器。宋代人对火药的研究很深入，在宋仁宗时期，曾公亮等人就已编著了《武经总要》40卷，"火药"这个词也是在此时被首次使用。《武经总要》详细记载了毒药烟球、蒺藜火球、火炮三种不同效力的火药配方，可见当时的宋代人早已对火药的性能与威力有了成熟的认识。继蒺藜陶弹、霹雳火球、毒药烟球之后，宋代的火药兵器还有弓弩火药箭、

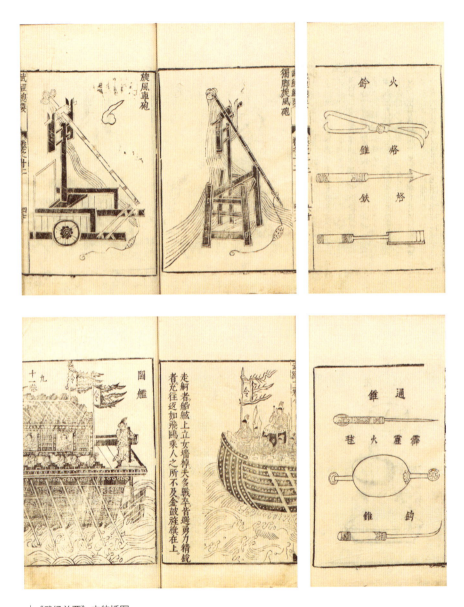

|《武经总要》中的插图

火药鞭箭、竹火鹞、铁嘴火鹞等。这些应该都是类似于爆竹的兵器，它们在被点燃后，借助火药燃烧时的动力射向敌方。据《宋史》记载，宋代在与西夏、金兵交战时，都曾使用过这些火器。在南宋绍兴三十一年（1161年）的采石矶之战中，虞允文还曾用霹雳炮击败了金兵。

不过这蒺藜陶弹并不是宋代人发明的，而是同时期的西夏国。只是宋代的工匠太聪明了，在西夏国使出这个大招没多久，宋代的工匠就破解了蒺藜陶弹的核心技术，并且在此基础上不断地研发新的火药兵器。说不准，在宋代工匠破解蒺藜陶弹期间，还发生过不为人知的谍战故事呢！而如今，这枚经历了战火的蒺藜陶弹安稳地躺在了博物馆里，经过专家研究与比对，确认它来自宋代，且出于宋代工匠之手。它的出土是研究宋代军事兵器不可多得的实物见证。

当看到这枚蒺藜陶弹的时候，我们一边感慨宋代的科技水平，一边又会想起宋代边境那战火熊熊的场景。这使我们更加珍惜当下，珍惜和平。

除了蒺藜陶弹，
震天雷也是威力无穷

　　蒺藜陶弹的威力是无穷的，但它只是宋代众多火器中的一种。与蒺藜陶弹同时期发明的还有震天雷。震天雷就是地雷的雏形，又被称为铁火炮。这种火器是用铁罐盛药，外壳以生铁包裹，使用的时候可以根据目标的远近来决定引线的长短。震天雷只要被火点燃，炮起火发，声音大得跟打了一个震天响的雷一样，百里之外都能听到它爆炸的声音。单是爆炸还不够，震天雷的威力十足。只要被它烧到，半亩地几乎就毁了，即使敌人穿着铠甲，也会被它的火烧透。

"十八般兵器"一般指的是刀、枪、剑、戟（jǐ）、斧、钺（yuè）、钩、叉、鞭、锏（jiǎn）、锤、抓、镗（táng）、棍、槊（shuò）、棒、拐、流星锤。南宋名将岳飞，极善使枪，你能从下面的兵器库中找到枪吗？

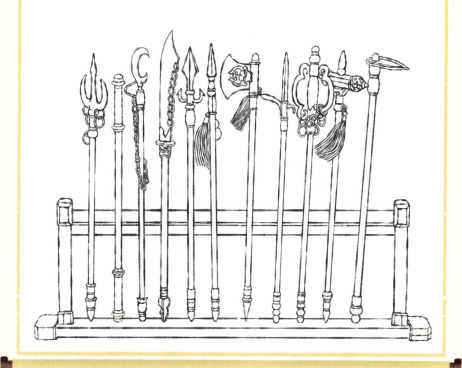

司马光《资治通鉴》手稿：
见证史学界超级 IP 的诞生

太难得！仅存的一页司马光手稿

说起司马光，我们的脑海里就会蹦出两个字：砸缸。不过这是司马光小时候的壮举，长大后的司马光俨然一副"老学究"的模样。大概只有如此，才能静下心来编纂历史巨著《资治通鉴》。这可是中国古代第一部编年体通史，它记载了自周威烈王二十三年（公元前 403 年）至五代后周世宗显德六年（959 年）的史事，涵盖十六朝 1362 年的历史。不过，我们平日里看到的都是印刷版。而司马光的亲笔手稿，如今只剩一页。

司马光手稿卷轴的外侧是清乾隆年间题写的几个小字："司马光通鉴稿内府鉴定真迹"。这大概相当于我们现代的防伪标签吧！经过了清

| 司马光像

代内府的重重鉴定，确认这是司马光的手稿。当展开这微微泛黄的卷轴时，司马光当年的笔迹呈现在我们眼前。这件手稿长 130 厘米，宽33.8 厘米，共书写了 29 行 465 个字。然而，令人大失所望的是，司马光的亲笔手稿上是勾勾画画，跟我们日常的草稿纸一样，太不整齐了！中间还夹有小字，多处用墨笔涂改。再读一下内容，你会发现一点都不连贯，往往某件事只写了开头数字，其后即以小字"云云"接上。再往下看，咦？怎么又写了别的事情？莫非司马光写文章也是跳跃性思维？如果你这样想，可就冤枉了司马光，这或许只是司马光写《资治通鉴》时的初稿，又或许是他写《资治通鉴》时拟写的大纲。不过，更奇怪的是，在写完史事叙文后，司马光竟然还写了五行陈谢状。陈谢状就是感谢信，莫非司马光这是在省稿纸？手稿的最后为题跋。

别看就这么一页纸，它全篇印有皇室及各家收藏印 100 余方，多数在卷前、卷尾，卷中行文内也有不少，可见这件手稿是多么珍贵。

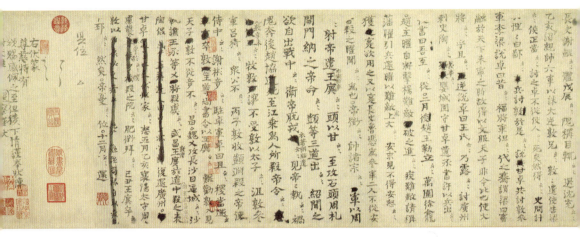

| 宋司马光《资治通鉴》手稿

司马光打造"另类史记"

想了解这件司马光的手稿到底有多珍贵，还得从司马光决定编纂《资治通鉴》的故事说起。司马光可谓少年得志，20岁就考中了进士，也由此踏上了仕途。司马光是出了名的用功，他对书本爱不释手，经常看书看得废寝忘食。七岁时他就能背诵《左氏春秋》，还能就书中的内容谈一些自己的看法。或许是命中注定吧，司马光与历史有缘分。尤其是他担任天章阁待制兼侍讲官时，几乎每天都在与各种史书打交道。

某天，司马光看着屋内密密麻麻的史书，感慨道："人活一辈子，能读完这么多史书吗？这也太多了吧！"其实这个念头不止一次在司马光脑中闪现，早在宋仁宗嘉祐年间，司马光就有一个计划，那就是写一部接续《春秋》的通史。于是司马光去拜见宋英宗："官家啊，臣有一个想法，臣想写一部简明扼要的通史。现在的史书这么多，官家哪里能全部看完呢？我把那些可以借鉴或引以为戒的史实写出来，这样您可以节省时间！"宋英宗一听，很是高兴，这等于是有人帮他在茫茫史书中画重点呀！宋英宗立刻对司马光的提议表示了赞许，并说道："卿尽管去写你的史书，朕提供一切帮助，皇家藏书，随便你翻阅！"

宋英宗的赞许和支持对司马光是莫大的帮助，司马光速速写了起来。你以为《资治通鉴》一开始就叫这个名字吗？错！其实最初司马光先写了五卷，起名为《历年图》，于治平元年（1064 年）进献给了宋英宗。毕竟司马光写这部通史的目的是通过历史事实，为帝王提供一些可借鉴的经验和教训，那么宋英宗必须是他的第一位读者！宋英宗看了司马光写的这五卷《历年图》后，非常激动："卿写得太好了！请继续！"在得到英宗的肯定后，司马光更是下笔如有神，他又在《历年图》的基础上，"唰唰唰"地编纂了《通志》八卷。此时距上一次进献史书已有三年光景，英宗忽然认识到司马光决定写通史不是一时兴起，是来真的！英宗赶紧为司马光写通史做准备，他先是设局于崇文院，让司马光自行选择协修人员，编辑《历代君臣事迹》。只不过当《历代君臣事迹》编好后，神宗已经即位了。神宗读完后，也是欣喜不已，不过他觉得这个书名太老套，于是根据司马光这本书"鉴于往事，有资于治道"的内容，赐了个新书名，也就是《资治通鉴》。

在此之前，编写《资治通鉴》只是司马光的理想，神宗下旨之后，编写《资治通鉴》成了司马光的主要工作。为了编写《资治通鉴》，司

明 仇英《独乐园图卷》美国克利夫兰艺术博物馆藏
司马光反对王安石变法，退居洛阳，购地修建独乐园，在独乐园里编纂了《资治通鉴》

马光呕心沥血，研读历史，反复验证校对，校计毫厘，终于在元丰七年（1084 年）完成了这部上起战国、下至五代的编年体通史。《资治通鉴》是中国历史上第一部编年体通史，共 294 卷，内容包括政治、军事、经济、文化等。司马光在编写《资治通鉴》时，对史实进行了严格考证和筛选，所记述的内容翔实可信，因此《资治通鉴》成为后世历史学家所推崇的史学巨著。

司马光编写《资治通鉴》，足足花了 19 年。在这 19 年里，前 4 年司马光还在朝为官，参与政事，后来因为他不赞同王安石变法，于熙宁四年（1071 年）以端明殿学士出知永兴军（今陕西西安），后改判西京（今河南洛阳）留司御史台。从那以后，司马光就潜心编写《资治通鉴》。编写历史可是重度脑力劳动，还得耐得住寂寞，当然这需要

一个安静的环境。他编纂书籍的地方就在自己家中，且极其朴素，夏天闷热难耐，只能挖个地窖，在一个连地下室都不如的地方编写《资治通鉴》。他决心编写《资治通鉴》的时候，还是个中年男子，等写完，已是个佝偻的老头了。

幅纸三绝，叹为观止

这一页手稿虽然只有寥寥数百字，但从手稿上勾勾画画、删删改改的痕迹看，司马光非常严谨认真，生怕出现错误，误导后人。手稿开头是"永昌元年春正月乙卯改元"，这记述的是东晋永昌元年（322年）王敦起兵谋反的历史，而这一段历史就被记述在《资治通鉴》的第92卷。不过，这件手稿上的内容与成书还是有一定区别的，由此可以确定这份手稿是他最初拟写的大纲。

这一页手稿上除了有《资治通鉴》的底稿，还有一封"谢人惠物状"，这是司马光写给他朋友的一封感谢信。而手稿上被画掉的部分，我们依稀能辨认出是范仲淹的儿子范纯仁写给司马光的长兄司马旦的书札。一纸之间，集中了司马光手稿、范纯仁书札、司马光陈谢状，三种文本内容出现在同一页手稿上，这被后世收藏家奉为"三绝"。至于为什么会在一页手稿上出现三种文本内容，真相就是司马光在省纸！因为当时的纸张非常昂贵，即使被用过了，也可以移作他用，果然古人比我们环保多了。

据时人史料记载，司马光写成《资治通鉴》时，洛阳有人曾亲眼看到《资治通鉴》的草稿，足足装满了两个房间，这也太壮观了！那些草稿与这份亲笔手稿不同，文中未见一处潦草的字迹。可见司马光在写《资治通鉴》之前，经过了列大纲、拟初稿等一系列准备，真的是治学严谨又认真。在手稿的卷末，还有数十枚红色的藏书印，它们记载着手稿的有序流传。

这一页司马光的手稿，拉近了我们与《资治通鉴》的距离，即使捧在手里的是现代的印刷本，我们也会想起这一页手稿，想起那位曾经在地窖里苦苦写了19年《资治通鉴》的学者，他用青春与血泪为我们讲述了一段段真实的历史故事。

敬惜字纸的可不是只有司马光一个

司马光在手稿上写写画画，一处空隙都不放过，足见司马光对字纸的爱惜，但敬惜字纸的人可不是只有司马光！

北宋年间，有一位宰相叫王曾。他的父亲王兼是个目不识丁的人，但酷爱儒士，对字纸充满敬畏之心，爱惜得不行。每当看到掉落的字纸，王兼都会去捡拾，并以香汤洗涤，然后焚化。这还不算，就算是被扔进了茅坑的字纸，王兼都不嫌脏，一定要捡回来，同样用香汤洗涤，再将其焚化。

或许是太爱惜字纸，敬佩读书人，有一次王兼梦见了孔子，孔子对他说："你如此敬惜字纸，诚心诚意，只可惜年事已高，不能有大成就。这样吧，我让王曾投胎到你家，这样就可以光大门户。"这个梦做了没多久，王兼果然得子，也就是后来的名相王曾。虽然王曾当上宰相是靠自己的努力，与他父亲当年的那个梦境无关，但后人只要提到敬惜字纸的故事，总会想到王曾的父亲。

　　《史记》和《资治通鉴》是我国古代两部著名的史学著作，堪称史学双璧。这两部著作都有可能记述的历史人物是（　　　）。

A. 秦始皇

B. 唐太宗

C. 宋太祖

中华震旦角石：
这是一块会"说话"的石头

一块曾被黄庭坚收藏的化石

你知道吗？古代的文人也爱玩石头，但要论谁最会玩，北宋大才子黄庭坚排第一！毕竟他曾拥有过一块距今 4.6 亿年的中华震旦角石。这块中华震旦角石非常神奇，黄庭坚在得到它的时候，它就已经是块极为古老的化石了。它长 19 厘米，宽 11.4 厘米，高 2.5 厘米，表面非常光滑。假如可以摸一下，那光溜溜的表面，手感肯定很好。如果说时间是大自然最好的缔造者，那么这块化石就是最好的见证，它还有一个神奇的地方，那就是这块看似是块方砖的化石中间有一根白色的"竹笋"。据古生物专家介绍，化石中间的这根"竹笋"就是震旦角，它是 4 亿多年前生活在海洋中的无脊椎动物，性情威猛，只爱吃肉。震旦角看起来像竹笋，是因为它的"身体"呈圆锥形，一头尖一头宽，由一格一格的"气室"组成。这些气室可帮助震旦角潜入水里。这块震旦角并不算大，它最长只有19厘米，但在海洋里，最长的震旦角长达3至4米。震旦角被埋藏在坚硬的石灰岩中，其化石取之不易，得之更难，因而十分珍贵。

这块中华震旦角石，还有一个很珍贵的地方，那就是当年黄庭坚得到它时，在这块化石的侧面刻下了四句诗："南崖新妇石，霹雳压笋出。勺水润其根，成竹知何日。"署名"庭坚"，句末还盖了一个印章。这明明白白地宣示了这块化石的主人就是北宋大才子黄庭坚，而这块化石更因为上面有黄庭坚的真迹，所以它的价值举世无双。黄庭坚本人非常喜欢竹子，在他的作品里，竹子很常见。于是，在得到化石后，黄庭坚对着化石中间像竹笋的震旦角说道："石头啊石头，如果我给你中间的这根竹笋天天浇水，你会长成竹子吗？"没想到黄庭坚堂堂一个大才子，竟然也会如此调皮。

黄庭坚收藏的
中华震旦角石

借物言志，这是一块会"说话"的石头

如果你知道黄庭坚在得到这块化石时遭遇了什么，那你就会了解他为何会如此"调皮"。黄庭坚这个大才子，与秦观、晁补之、张耒合称"苏门四学士"，他是苏轼的好友，擅长写诗文和书法，所以他还是"江西诗派"的创始人和"北宋四大书法家"之一。如此有才华的人，可谓少年得志，一路青云。黄庭坚在 28 岁的时候，就任职国子监教授，这在历史上是很少见的。可惜，他受到了"乌台诗案"的牵连，在宋神宗元丰二年（1079 年）被罢官，被贬到了江西太和，从无比风光的国子监教授变成了一名小小的知县。黄庭坚心里苦闷啊，愤愤不平，于是他打算小小地叛逆一下："官家，你贬我，我就故意迟迟不上任！我先出去旅游散散心！"远的地方不敢去，就去安徽、江西一带。黄庭坚一边游山玩水，一边抒发内心的苦闷，当他来到三组山山谷寺的时候，还给自己取了个号叫"山谷"，到中老年时期，黄庭坚称自己为"山谷老人"或"山谷道人"。这块中华震旦角石很有可能就是他在游山玩水的过程中，机缘巧合而得到的。到手后，只见这块化石光滑漂亮，黄庭坚在欣赏之余，触景生情，于是在化石上刻下了这四句诗。

现在再看化石上的这四句诗，我们就不再觉得黄庭坚"调皮"了。化石上所刻诗的第一句为"南崖新妇石"，说这块产于南崖的化石像新娘子一样漂亮。南崖位于修水县城之郊，山清水秀，那边还有一所书院，黄庭坚童年时期，就在那里上学。后来，黄庭坚每次回家乡，一定

"宋四家"书法作品

蔡襄 行书《自书诗卷》

黄庭坚 草书《杜甫寄贺兰铦诗页》

苏轼 行书《题王诜诗帖页》

米芾《乡石帖》

会在南崖停留，南崖上还保存着黄庭坚碑帖十余块。专家从地质学上进行了考证，南崖山的岩石属寒武纪地层，其上覆岩层必为奥陶系。而这块中华震旦角石正是奥陶纪常见的标准化石，所以南崖附近产出此类化石的可能性极大。不过，黄庭坚不懂生物学，也不懂地质学，他是诗人，所以在看到这块化石中洁白如玉的"竹笋"时，他仿佛看到了自己。因为他是受冤被牵连的，他认为自己也是清白如玉的人物。化石上刻的第二句诗"霹雳压笋出"，黄庭坚想表达："苍天啊！你把这样一根茁壮成长的竹笋一下子压在巨石之下，真想永远埋没它吗？我黄庭坚这么有才华，二十岁出头就中了进士，原本仕途一片光明，但忽然就被贬为一名小小的知县，实在是冤，冤，冤！"

至于我们一开始认为化石上刻的特别幽默俏皮的最后两句诗"勺水润其根，成竹知何日"，字面意思当然是天天往石头上浇水，看看这竹笋能不能长成竹子。这是黄庭坚幽默的表达方式，故意逗趣。实际上，黄庭坚是在自我勉励。他劝自己好好干，耐心等待，争取有沉冤昭雪、出人头地的那一天。这不仅是黄庭坚所处历史背景的写照，更是黄庭坚的思想和政治态度。他主张"修身养性"，不管有什么样的遭遇，都要修身养性，寄情于山水，接受现实，好好干，这样明天才会更好！

化石中的"竹笋"究竟是什么

为了谨慎，也有很多专家提出这块中华震旦角石上的诗，会不会是后人伪造黄庭坚所刻？毕竟黄庭坚有着大量的粉丝。这原本很可疑，但

明 仇英《西园雅集图》
所绘的场景为苏东坡、黄庭坚
等人雅集西园的一个画面

专家查阅了大量有关黄庭坚的文献资料，都没发现化石上刻的这首诗，这从侧面证明了这块化石上的诗确实是黄庭坚写的。毕竟，后人不可能专门模仿黄庭坚的诗风去作诗，再刻上"庭坚"二字，这不太符合逻辑。

这块化石的出土地点，也是一个关键的证据。黄庭坚的老家在洪州分宁（今江西修水），这块化石出土于武宁县，武宁县与修水县离得很近，从修水县外出，必经武宁。黄庭坚每次回家乡和离家外出同样都会经过武宁。从山谷年谱和修水县文化馆保存的黄氏家谱看，黄庭坚最后两次遭贬谪后都曾返家。黄庭坚最后一次遭受贬谪时，已经 59 岁了，他被贬谪到了宜州（今广西宜山）。去贬谪地之前，黄庭坚又回了一次老家。不过这次离家后，他没有直接去广西，而是在武宁一位陈姓朋友家住了几个月，在此期间还给家人写过一封信。黄庭坚很有可能是在这个时候，把刻有座右铭的这块中华震旦角石送给了这位朋友，由这位武宁的朋友保存了下来。

这块刻有黄庭坚诗文的中华震旦角石很有可能是世界上第一块被人类收藏的化石标本，黄庭坚或许是最早的"化石爱好者"。只不过这位"化石爱好者"没有太多的生物知识，他并不知道化石中的"竹笋"就是生活在海洋中的无脊椎动物。经过了近千年，这块化石依然被保存得非常完整，表面也十分光滑。看来，古人在北宋时期对化石就有一些认识，不但会收藏化石，更会将化石制作成工艺品流传于世。

中华震旦角石的"今生"

从前科学家们认为，中华震旦角石只产于中国，是中国特有的化石之一，也是我国华南地区距今约 4.5 亿年晚奥陶世的一种典型"标准化石"。但在 2020 年，中科院南古所的研究团队在泰国发现了中华震旦角石的化石，可见古生物的演变是多么神奇。

你能想象到吗？在现代海洋中，我们仍然可以从一些海洋生物中瞥见中华震旦角石的影子。

第一种是名为鹦鹉螺的头足纲软体动物，它们在热带印度洋以西太平洋珊瑚礁水域，与中华震旦角石是"近亲"，都属于鹦鹉螺亚纲。它们比较固执，即使经历了数亿年的演变，外形以及习性等都没怎么变化，于是人们称它们为海洋中的"活化石"。这种鹦鹉螺的螺壳左右对称，内部被隔膜分隔成许多独立的小房间，从而展现出美丽而神奇的等角螺线。更让人感到惊讶的是，鹦鹉螺还是大自然的宇宙时钟。它可以反映月球绕地球运动周期的时间变化。这是因为鹦鹉螺壳内每个腔室的纹路数目同地月运动的周期有关。

另外一种的名字很奇怪，叫蛸亚纲一八腕总目、十腕总目，我们常见的章鱼、鱿鱼、乌贼等就属于这个种类。它们与中华震旦角石的关系也非常亲近，只不过它们的外壳早已退化并且缩小为内壳，反包在外套膜中，甚至有的连内壳都没有了。在现代海洋中，这些生物依然在顽强地存活着，延续着它们家族 4 亿年的血脉。

宋人爱花，花在生活中扮演重要角色，黄庭坚有《花气薰人帖》传世。天津博物馆有一幅名为《盥手观花图》的册页，你知道画中人观的是什么花吗？

|《盥手观花图》手绘图

河北宣化辽墓星图:
藏在千年壁画里的天文密码

墓室顶部的灿烂星河

在河北宣化辽墓葬群中，有一座规模巨大的墓，墓主人是张氏家族的张世卿。或许这位名叫张世卿的墓主人万万没想到，在他去世的近千年后，人们最感兴趣的不是他生前的故事，也不是他墓室中的奇珍异宝，而是他墓室中的那幅星图。这幅星图与我们中原地区的习俗不一样，它不在墙上，而是在墓室的穹顶之上。因为辽墓常用圆弧形券顶，这样看上去就像是一个天体苍穹，而这样的建造设计，对绘制星图而言，更加合适。

张世卿墓室中的星图，乍一看，更像是一幅绘在屋顶的装饰画。这幅星图的底色是蓝色，象征着蓝蓝的天空。星图的中心处嵌着一面铜镜，这面铜镜表示天极。天极是指地球的自转轴向天球延伸后，在无穷远处与天球交会的两个假想点。在北半球，星星围绕着北天极旋转，而在南半球，星星则围绕南天极旋转。不过，这面铜镜更像是花蕊，工匠们以铜镜为中心，在星图上绘制了一朵巨大的莲花。在莲花的周围，分层布列着日月星辰。第一层为日、月、五星及北斗，第二层为二十八宿，最外层绘黄道十二宫。

| 绘制在张世卿墓墓顶的天文图

十二星座与古代中国

日月星辰以及北斗好理解，可这黄道十二宫是什么？其实黄道十二宫是占星学里的术语，起源于巴比伦。而"黄道十二宫"这个词来源于希腊语，意思居然是"动物园"。是的，在希腊人眼里，星座是由不同动物组成的，这也是十二星座名称的由来。而所谓的"黄道"，从天文学的角度解释，是由于地球绕着太阳公转，从地球上看，太阳慢慢在星空背景上移动，一年正好可以移动一圈，回到原位后，太阳"走"过的路线就叫"黄道"。这条路除冥王星外，包括所有行星运转的轨道，也包含我们所熟悉的星座。更加神奇的是，恰好大概每 30 度范围内就含有一个星座，星座总共有 12 个，于是被称为"黄道十二宫"。

公元前 2100 年左右，在古巴比伦楔形文字中就有黄道十二宫的痕迹，后来传到古埃及、古希腊和古印度。黄道十二宫大约是随着佛经的

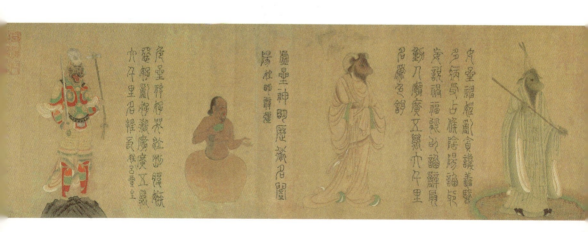

翻译传入中国的，但被纳入中国天文图中，张世卿墓中的这张星图应该是最早的遗存。虽然星图来源于西方，但张世卿墓室中的星图不仅含有佛教元素，还包含了古人对十二星座的认识，几乎是以中国古人的理解方式来绘制的，这一点看上去非常有趣。星图上的处女座，用两个姑娘表示，而双子座，工匠们居然画了一男一女两个童子，看上去非常可爱。

　　其实，不只是辽国喜欢观测和记录形象。在张世卿生活的另一边，中原地区的宋朝，对天象的观测和记录，远远不只是在墓室上绘制星图这么简单，毫不夸张地说，宋朝已经形成了较为完善的制度。据记载，宋朝曾经进行过五次大规模的天文观测，大约每次观测都会绘制星图。其中北宋元丰年间（1078—1085 年）观测后，由黄裳绘制星图，在南宋淳祐七年（1247 年）又由王致远刻成石碑，图碑在苏州文庙，是当

宋摹本《五星二十八宿神形图》（局部）

宋摹本《五星二十八宿神形图》（局部）

时的学生们了解天文的教材之一。后来，北宋文学家、科学家、政治家苏颂还在《新仪象注要》中附有五幅星图。据天文史学家考证，书中所记载的也是元丰年间天文观测的记录。由此可见，星图在古代天文学中占据了非常重要的位置，而古代的天文观测记录往往由国家管控。

张世卿为何人

所以，问题来了，这张世卿到底是什么人？为何他的墓室中会有如此精致的星图？你猜得没错，张世卿确实不是一般人。他的名字听起来是汉族人的名字，但他生活在契丹人统治的辽国。这一切还得从张世卿出生前的 100 多年说起。那年是 938 年，石敬瑭为了实现自己的野心，认比自己年龄还小的契丹国主为父，并以割让燕云十六州为代价，换取自己可笑的皇帝梦。在被割让的十六州中，就有宣化（当时称作武

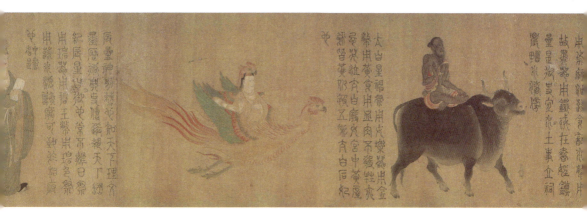

州）。从此，曾经是汉族疆土的武州，便被改名为归化州，成为辽国的统辖之地。100多年后，张世卿在此地出生了，此时的辽王朝已经走向了没落，正是"比年以来，群黎凋弊"的时代。

不过，这倒是不影响张世卿做个公子哥。宣化属于燕云地区，大部分是平原，适合农业生产，不仅盛产粮食，还有"鱼盐枣栗之饶"，因此宣化是辽国境内最富裕的地区，也是政府财政来源的重要基地。据《辽史》记载："（辽）既得燕、代，益富饶矣。"

早在100多年前，张氏家族就已经在此地扎根，他们勤于农耕生产，耕读传家。在几代人的努力之下，到张世卿出生时，张氏家族已经累积了相当丰厚的家产，是宣化有名的大地主。或许是张氏家族的先人早年经历过山河败落，他们深深懂得一个道理：覆巢之下无完卵。

这一年是大安四年（1078年），辽国部分地区遭遇了灾荒，饿殍千里。当时辽国拿不出钱来赈灾，朝廷只好发出了一个通告，"立入粟

张世卿墓壁画

补官法"。意思是只要是出钱、出粮食的老百姓，为国分忧，替民解围，朝廷就给你一个官做，以资鼓励。张世卿非常豪气地拿出了2500斛谷物来救济灾民，于是朝廷特授他为右班殿直，后来又累迁至银青崇禄大夫、检校国子祭酒，兼监察御史、云骑尉。

张世卿平安顺遂地度过一生，因为他生前的善举而换得的官阶，使他得到了极为风光的厚葬。在他的墓室里，男性侍者居多，守门侍立的有6个，负责出行的有5个，此外还有负责日常生活的侍者，如备经、备茶、持匣、持扇、持巾的等。他们有个共同点，那就是几乎都穿着正式的官服。从这里可以看出，张世卿生前与死后，都享有与他的官阶相匹配的高级待遇。

在墓室顶部绘制星图，可见当时十二星座的流行程度。也有可能是张世卿生前对那浩渺宇宙充满了好奇心，所以在他去世以后，家人在他的墓室顶部绘制了这样一张星图，希望他在另一个世界里，也能仰望天空，心怀宇宙。

宋代文人雅士也爱聊星座

宋代的文人雅士凑在一起聊天时，也会讨论星座，他们将十二星座称为"十二星宫"。在宋代人的著作中，有关十二星宫的说法很多。比如，北宋有个叫傅肱的人写了一本《蟹谱》，专门收集与螃蟹有关的典故，其中他还不忘记上一笔"十二星宫有巨蟹焉"。又比如，南宋末年有个叫陈元靓的人，写了一部日用百科全书《事林广记》，在天文类中提到了一张《十二宫分野所属图》，他居然将十二星宫与中国的十二州相匹配。

更有意思的是，我们现代人最喜欢"黑"处女座，而宋代人喜欢"黑"摩羯座。这里就不得不提大才子苏东坡。苏东坡对十二星座特别感兴趣，他不止一次感慨，自己是摩羯座，所以命格不好，注定一生多谤誉。他曾在《东坡志林·命分》中写道："退之（韩愈）诗云：'我生之辰，月宿南斗。'乃知退之磨蝎为身宫，而仆乃以磨蝎为命，平生多得谤誉，殆是同病也！"他不仅吐槽自己是摩羯座，所以运气不好，还顺带拉上了唐代的韩愈。

当然韩愈也不是无辜被苏东坡拉上的，因为他曾写过一首《三星行》吐槽自己的星座："我生之辰，月宿南斗。牛奋其角，箕张其口。牛不见服箱，斗不挹酒浆。箕独有神灵，无时停簸扬。"按照唐宋时期的占星学，韩愈的星座正好是黄道十二宫的摩羯宫，所以苏东坡在读了韩愈的《三星行》后，不由得想起自己的命运与星座，跨时空地与韩愈"惺惺相惜"。

　　我国古代纪年的方法有很多，如年号纪年法、干支纪年法、星岁纪年法等。其中，星岁纪年法在春秋、战国之交很盛行。星，指的是岁星。古人观察到，岁星围绕太阳运行一周大约需要12年（今测公转周期为11.86年，数值相近）。观察下图回答问题：岁星是太阳系中的哪颗行星？

第三章

济南刘家针铺广告铜版：
全世界最早的印刷广告

古代的营销"套路"也不少

宋代是一个商品经济高速发展的时代，以家庭或家族形式从事手工产品制作很普遍。这些产品生产上市以后，商家就得想办法搞促销，把产品卖出去。这时候，为了竞争，商家就在这些产品上标注了制作者的姓名与字号。渐渐地，一些产品形成了区域化生产，买家只认某个地区的某个产品，于是在产品上标注地名的现象也多了起来。这种现象的产生，意味着宋代的商品经济已经发展到了一个很高的水平。为此，南宋太平老人在《袖中锦》中列举了当时的"天下第一"，有监书、内酒、端砚、蜀锦、定瓷、浙漆、吴纸、晋铜、西马、东绢等二十八项。

或许单是在产品上标注制作者与产地已经形成不了竞争优势，于是

北宋 济南刘家功
夫针铺广告铜版

在山东济南，有一个聪明的商家做了一块广告铜版，这就是大名鼎鼎的北宋济南刘家功夫针铺广告铜版。这块广告铜版居然留存至今，现在它被收藏于中国国家博物馆。

这个广告铜版很特别，它只有一掌大小，长 13.2 厘米，宽 12.4 厘米。版面以双线为框，内分三页。在第一层栏内，阴刻着楷书"济南刘家功夫针铺"八个字。第二层栏内中部是白兔捣药图案，两侧分别刻有四个楷书阳文，连起来为"认门前白兔儿为记"，这是告诉买家，请认准本店的白兔捣药商标再进行选购。第三栏内侧是七列楷书阳文，每行四个字，从右往左，全文为："收买上等钢条，造功夫细针，不误宅院使用，转卖兴贩，别有加饶。请记白。"意思是我们家选用了最好的原材料，花费功夫造针，使用方便。假如有人批量购买，还可以优惠打折。整块广告铜版，图文并茂，包含了商品广告设计的所有要素，商标、标题、引导、正文，一个都不少，这个广告做得可真专业！

"白兔捣药"与"铁杵磨成针"

除了文字，这家针铺的老板还注意到了一个问题，他卖的是针，那么他所面对的客户几乎都是女性。然而并不是所有的宋代女子都识字，不认识字，总会看图吧？有意思的是，针铺的老板并没有在广告铜版上画一根针作为商标，而是选择了看上去与针关系不大的白兔捣药图。

白兔在古代被视为祥瑞之物，深得大众的认同与喜爱。广告铜版上的大白兔看上去精致可爱，轮廓清晰，它正在持杵捣药，其原型引自嫦娥奔月故事里的玉兔，让人不禁想起了嫦娥奔月的故事，似乎真的是"天上方一日，世间已千年"。如此一来，人们便记住了这个商标，因为白兔捣药用的杵与针的形状相似，那么白兔的形象自然就与针联系到了一起。

在这幅白兔捣药图中，其实还包含另一个故事，那就是有关李白因受"只要功夫深，铁杵磨成针"的启发而成为诗仙的典故。这两个故事

"济南刘家功夫针铺"商标

蕴含在同一个图形中，不禁让人联想到针与杵之间的关系，针的耐磨，针的质量，都是因为花费了许多功夫。针铺老板何尝不是在告诉大家：我们也是跟李白遇见的那个老婆婆磨针一样，专注且认真，所以我们家的针都是精品。如此一来，即使是不识字的宋代女子，见到这只正在捣药的大白兔，立刻就能联想到这是针铺广告。可以说，这块济南刘家功夫针铺广告铜版中的白兔是最早的广告代言明星。

针铺花式广告博眼球

这个针铺广告铜版不仅是一个广告牌，还是一个铜质的雕版印刷模型。雕版印刷是中国最古老的印刷术，早在唐代就有了。这种雕版印刷术是先把木材打磨成一个光滑的模板，再把要印的文字用纸写成字稿，

宋 佚名 杂剧册页
为宣传当时的杂剧《眼药酸》而画

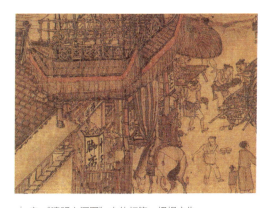

宋《清明上河图》中的灯箱、招幌广告

反过来贴在木板上，再根据每个字的笔画，用刀雕刻成阳文，使得每个字的每一笔都凸出在木板上。需要印刷的时候，先用刷子蘸墨，再在刻好字的印版上均匀地涂布，接着把白纸覆盖在印版上，另外拿一把干净的刷子在纸背上轻而均匀地涂布，一页书稿就这样印好了。在宋代，雕版印刷到达了鼎盛时期，负责印刷的工匠往往技艺娴熟。这件只有一巴掌大的济南刘家针铺广告铜版，相比于传统雕版印刷术所用的木板，更加坚实耐用。因为木质的材料会因为时间久了而变形，或是遭腐蚀，而铜版可以弯曲，能够避免被损坏。除此之外，商家和消费者还可以根据这针铺广告铜版上的图案来辨别产品的真伪。

有了这个坚实耐用的广告铜版后，商家在包装产品的时候，可以迅速地在产品的外包装上印出自己店铺独有的商标广告，也可以去印刷广告招贴。宋代的广告招贴就是我们现代的广告彩页，它既是广告单，也是产品的包装纸，从这块针铺广告铜版看，这个印有广告的纸张一般也就四寸见方，可以包两寸大小的针。

关于这件济南针铺广告铜版的来历，还有一段小故事。1946年，上海市立博物馆打算复馆。著名历史学家杨宽常常去古玩市场，通过淘古玩的方式来丰富馆藏。某天，他在一家古玩店里发现了这块济南刘家针铺广告铜版。不过它在店家的眼中，就是一块铜片，压根儿没受到重视。杨宽先生在反复鉴别后，认为它是一件很难得的珍品，于是将它买了下来，带回了博物馆。1957年，中国广告先驱徐百益在参观上海博物馆的时候，也注意到了这块针铺广告铜版。经过研究，徐百益认为这

| 宋 苏汉臣《货郎图》台北故宫博物院藏

块针铺广告铜版比欧洲历史上最早的印刷广告还要早几百年。从此，这件济南刘家针铺广告铜版就火了！

时至今日，这件济南刘家针铺广告铜版依然是广告行业中的标杆，现已被史学界认定为目前所知的、我国现存最早的印刷广告实物。它是我国古代商标与广告的珍贵历史文物。它的出现，折射出宋代商品经济的繁华，展现了宋代人的商品广告意识。同时，这件济南刘家针铺广告铜版向我们展示了宋代雕版印刷技术的成熟。

第三章

宋代商家热衷于打折促销搞活动

济南刘家针铺广告铜版让我们见到了世界上最早出现的商标广告印版，也见识到了宋代商品经济的繁荣。然而这只是宋代商品经济繁荣的一角，真实的宋代集市可比我们想象中热闹多了。

宋代的商家不只是在街头制作各种广告牌，他们更善于在售货现场叫卖。宋人高承曾在《事物纪原·吟叫》中有过记载："京师凡卖一物，必有声韵，其吟哦俱不同。故市人采其声调，间以词章，以为戏乐也。今盛行于世，又谓之吟叫也。"在京师，只要有市场，就必定有叫卖声，而这些叫卖声各有特点，讲究文案与音律，可不是瞎嚷嚷就可以的。

除此之外，宋代商家也会发放"红票"，也就是购物消费券。为了促销，宋代商家还会设计各种游戏让来来往往的客户参与，最有名的莫过于"关扑"。关扑相当于我们现在的抽签转盘摸奖，用预售商品作为彩头，按照约定的方式，如转盘、抛铜钱、套圈，只要投中了就可以免费或低价得到商品。这种营销方式恰好抓住了大众贪便宜的心理，甚至让人上瘾，危害程度极大，很多人沉迷于此。于是宋代政府对此进行了限制，只允许在元旦、寒食、冬至三天使用，其余时间一律算作"非法赌博"。

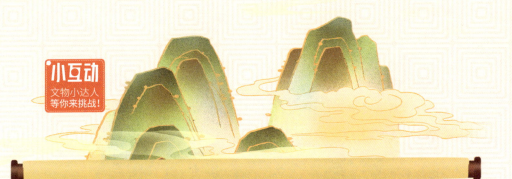

　　宋朝商业发达，醒目的广告语可遇而不可求，例如《水浒传》里的"三碗不过冈"。你知道吗？古人写下的诗歌也能是很好的广告文案，根据下图，你能判断出它与哪一首诗歌有关，宣传的是哪款酒吗？

行在会子库铜钞版:
宋代人用的钞票长这样

最初的交子由商人自由发行

世界上最早的纸币出自北宋年间，名为"交子"。因为宋代的商品经济发展已经到了一定的阶段，随着商业信贷制度的完善，大宗贸易、长途贸易的增多，传统的铜铁钱已经不能满足商品交易的需求。所以，就需要信用可靠、方便携带的新货币。否则，买家去集市买点东西，出门前还得背着一个装满铜铁钱的大麻袋，那还谈什么购物的快乐，简直就是去做苦力！对卖家而言，一个买家给一袋铜铁钱不算什么，但万一生意不错，岂不是还要准备一辆"卡车"专门去运铜铁钱？路上万一遇到个劫匪什么的，那就太可怕了。于是，纸币就在此时诞生了。交子之后，北宋、南宋官方又先后发行过钱引、会子、关子等纸币。宋代纸币至今未发现实物，幸运的是，一件南宋会子的"印钞机"被完好地留存下来。

你可别小看这件来自宋代的印钞机，它在现代人眼中可能只是一个铜版，没有精密的系统设定，但在一千多年前，它的诞生可是凝聚了古人不少的心血。宋代刚刚有纸币的时候，老百姓都是私下印刷，但没印刷几次，问题就出现了。一是不对版，二是使用异常混乱。在这样的情况下，宋代民间的企业家就站了出来，总共有16家，他们都是当地赫赫有名的大富豪。这些企业家开了个"座谈会"，然后决定"用同一色

北宋纸币铜版拓片

元代纸钞

纸印造，印文用屋木人物，铺户押字，各自隐密题号，朱墨间错，以为私记"，由此发明了统一印制的交子。可惜诈骗犯从古至今都存在，没多久，就出现了假交子，造成交子在流通的过程中有一部分不能兑现。到了宋仁宗天圣元年（1023 年），朝廷把纸币的发行接管过去，还成立了益州交子务。从这以后，交子都是由官方发行，每两年发行一次，称为一界。再后来，交子开始通货膨胀，渐渐地就被会子取代，那么原本用来印发交子的印钞机就作废了，朝廷需要为新的纸币做印钞机，于是这件"行在会子库铜钞版"就出现了。

纸币"会子"究竟长啥样

这件"印钞机"在文物史中被称为"行在会子库铜钞版"。印钞机的原理来源于雕版印刷，所以在这块铜版上，我们能清晰地看到宋代

南宋 行在会子库铜钞版

的纸币"会子"究竟长啥样。这块铜版呈长方形，版长 18.4 厘米，宽 12.4 厘米。在版面中部有个标题栏，上面用大字楷书横写"行在会子库"五个字。"行在会子库"是什么意思？"会子库"好理解，"会子"是纸币的名称，而"会子库"就是储存和发放会子的地方。"行在"听起来怎么有点怪怪的？原来，"行在"是指皇帝巡幸之地。宋代的京城是汴梁，南宋迁都于杭州，就被称为"行在"。这五个字代表会子的发行机关为当时的朝廷。在标题栏的上方两侧各有一个数字框，分别题币值，左框内题"大壹贯文省"，右框内题"第壹佰拾料"。币值很好理解，意思就是一张会子代表多少钱，与如今钞票上的"10""20""50""100"是一码事儿。

南宋 国用司会子印（印面）

南宋 国用司会子印（俯视图）

南宋 国用司会子印（拓片）

两字框之间竖写了七行文字，是严禁民间伪造纸币的官府告示，告文中称："敕伪造会子犯人处斩，赏钱壹阡贯。如不愿支赏，与补进义校尉。若徒中及窝藏之家能自告首，特与免罪，亦支上件赏钱，或愿补前项名目者听。"这段告文是朝廷对制造假币者的严厉警告。为了严防假币，朝廷对制造假币者的处罚极为严厉，一旦发现制造假币，就拉去处斩。另一方面，朝廷对举报者的奖赏也变多了，从一开始的500贯提高到了1000贯。这么高数额的奖励，对检举揭发制造假币者是极大的诱惑。朝廷考虑问题特别全面，若是遇到对金钱没什么欲望的人，朝廷就给举报者官职，这个官职相当于九品官员，是武官中最低阶的一个职位。行在会子库铜钞版上的这段告义与《宋史·食货志》记载的绍兴三十二年（1162年）指定的惩罚——伪造会子者条律"犯人处斩，赏钱十贯，不愿受者补进义校尉。若徒中及庇匿者能告首，免罪受赏，愿补官者听"大体一致，所以可以认定这件行在会子库铜钞版的年代为南宋绍兴年间。

宋朝通货膨胀，有多可怕

然而在会子发行初期，就有一些民间的经济学家不太看好会子，于是民间流传着一首民谣："使到十八九，纸钱飞上天。"这首民谣预言会子会贬值，最后像纸钱一样漫天飞舞不值钱，没想到这个预言果然应验了。其实通货膨胀这件事，自古就有。早在北宋时期就经常发生这种现象，老百姓把这种现象称为"钱荒"。这个概念让很多大臣和学者感到无法理解，比如苏轼的弟弟苏辙就曾发出过质疑："今所在铸钱，数日益多，制日益小，可谓钱轻矣。然而金帛米粟，贾日益贱，而钱之行

| 金 大定通宝　　　　　　北宋 宣和元宝

| 北宋 圣宋元宝　　　　　　北宋大观通宝和南宋建炎通宝

于市者日益少，有钱重之弊。"还有一个名叫张方平的大臣也吐槽道："然自太祖平江南，江、池、饶、建置炉，岁鼓铸至百万缗。积百年所入，宜乎贯朽于中藏，充足于民间矣。比年公私上下并苦乏钱，百货不通，人情窘迫，谓之钱荒。不知岁所铸钱，今将安在。"显然，这两人想表达同一个意思：为什么这钞票印多了，反而会闹"钱荒"？其实，不仅是苏辙和张方平有此疑问，曾巩、苏轼、司马光、王安石等名人也都讨论过这种现象。不只是北宋，到了南宋，这种现象越来越严重。更恶劣的是，有时市场上会出现物价上涨与钱荒同时发生的现象。

这种情况的发生是必然的，仍然以这件行在会子库铜钞版印出来的钞票为例。假如会子滥发，市场上并不会因为会子的增多而真的增加了财富，反而会使会子贬值。会子在滥发的过程中，原本持有会子的人，购买力就相对削弱了。朝廷却利用会子的滥发，敛入大量资源。当年宋徽宗与蔡京就是通过这种方式，鼓了自己的腰包，却给老百姓带来了经济危机。滥发会子的危害不仅于此，比如先得到会子的人，受到会子贬值的损失就小，而最后得到会子的人，受到的损失巨大。另外，会子的滥发会导致债券、债务发生很大的变化。比如一个人借给另一个人100贯会子，后来由于会子滥发，100贯会子只能买到从前50贯能买到的

| 《清明上河图》里的市场小景

| 南宋 苏宅韩五郎十两金铤

物品，那么还钱的人虽然还了100贯会子给对方，但这100贯的价值早已不能跟从前的100贯相比了。那借钱给别人的，是不是就亏大了？

对此，宋代的很多人都在极力改变这种情况。比如著名的政治家、科学家、文学家沈括，他对控制滥发交子、会子很有一套解决方法。他向皇帝提出了许多可行的办法，比如允许私人采铜、主张以黄金作货币、加速货币流通、禁止铜币外流等。这些思想于现在都是非常先进的。然而即使这样，最终会子也难逃被取代的命运，而取代它的关子，也就通行了10年，后来随着南宋王朝一起消失了。

这件行在会子库铜钞版作为一件历史珍品，让我们相信宋代的确有纸币存在，也让我们看到了宋代的纸币究竟长什么样，甚至从铜钞版上的告文中我们还能看到来自大宋朝的法律法规。

宋代纸币也有防伪技术

　　行在会子库铜钞版上明确地刻了制造假币的严重后果，但总有些不法分子想钻空子。宋代的大臣曾在一份奏章中汇报道："其数常溢，则伪楮（假币）之多可知也。"这简直是让皇帝脑壳疼，虽然加大了打击力度，但制造假币的行为依然存在。据说在南宋初期，川陕宣抚使张浚就破获了一个伪造纸币的团伙，逮捕案犯50人，缴获钱引达30万贯。

　　除了加大打击力度，制定严格的法律法规，机智的宋代人竟然运用起了纸币的防伪技术。在宋理宗淳祐三年（1243年），一位大臣建议："臣愚以为抄撩之际，增添纸料，宽假工程（指不强求产量），务极精致，使人不能为伪者，上也；禁捕之法，厚为之劝，厉为之防，使人不敢为伪者，次也。"这位官员反复强调："官家啊！您想要纸币防伪，上上策是在纸张上下狠功夫！这样不法分子就很难仿冒啦！"

　　这个"纸上狠功夫"指的就是水纹纸。早在唐代，成都人就创造出了水纹纸。水纹纸的做法有两个：一个是印明花法，类似木刻水印；而另一个就是印暗花法，也就是我们现代人所熟知的水印。经历了一系列的努力，成功研制出了特殊的砑花，让不法分子难以仿冒，于是造水纹纸的工艺被用作了防伪措施之一。

　　至今，我们所用的护照、钞票、证书、账册等重要的资料上，还在用水印防伪。

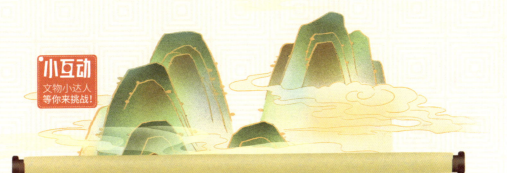

我国钱币历史悠久，下列钱币你能按照出现的时间顺序排列出来吗？

A. 半两钱

B. 开元通宝

C. 乾隆宝藏六十一年银币

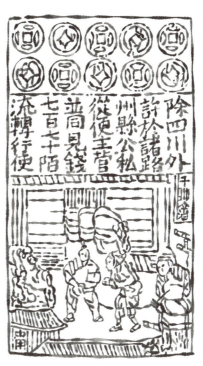

D. 交子

周瑀太学生牒:
宋代的学生证是什么样的

中国最早的学历档案

宋理宗淳祐四年（1244 年），在京城临安府内的一座华丽府邸前，有一位男青年站在门前，他想："寒窗苦读多年，我终于来啦！"此时，他竟然激动得想哭！这座华丽的府邸早前曾是宋代名将岳飞的居所，而今却是天下学子最渴望踏入的太学。太学是中国古代培养人才的最高学府，许多平民学子寒窗苦读多年，经过重重考试，最终才有资格站在这里。这位激动的男青年名叫周瑀，23 岁的他看上去少年得志，意气风发。他憧憬着自己光芒万丈的人生就此开始。不出意外，他将按照父辈的期望，与众多学子一样从这里踏入官场。

只可惜世事无常，周瑀在 28 岁那年染病去世了。或许周瑀从未想过，在他病逝的七百多年以后，他的墓室被人意外发现。据载，周瑀的尸体在出土时，全身湿润柔软，皮肤以及皮下组织仍有弹性，大小关节居然还可以活动……在他的随葬品里，有大量的丝织衣物、雕漆工艺品，而最引人注目的莫过于那个已经泛黄的卷轴。在得到这个卷轴之前，周瑀对它是心心念念，魂牵梦萦。毕竟作为一名太学生，如果没有得到它，多少都有些名不正言不顺的意味，就连跟族人友邻谈及此事都会有些底气不足呢！这个卷轴就是周瑀的太学生牒。

"牒"是中国古代通用的一种政府公文，在宋代常被称为"敕牒""公牒"。这卷太学生牒就像我们现代的学生证，是用来证明学历与身份的凭证。不过，这个学生证比起我们现代的纸质小本本可精致多了。该牒绢地墨书，长114.5厘米，宽32厘米，字迹是小楷行书或寸

| 南宋 周瑀太学生牒 镇江博物馆藏

南宋（传）刘松年《西园雅集图》中六位文士均头戴巾子，身穿交领大袖直缀

矩纹纱交领单衫 周瑀墓出土

楷行书，现藏于镇江博物馆。

在周瑀太学生牒的牒文里，记录了周瑀是镇江市金坛县三洞乡碧鸾里人。他出身于一个小官僚家庭，祖辈曾做过小官，但他的父辈没有走上仕途。从周瑀的随葬品看，他家境优渥，却仍然选择了读书走仕途这条路。在当太学生之前，周瑀就已升作斋长。23岁就已踏入太学的周瑀想必天资聪慧，勤奋刻苦。牒文上有一行字："牒周瑀，成均材之围也。言艺其苗，言撷其秀……"简短的几句评语，曾给过周瑀极大的鼓励与肯定，他在得到太学生牒后，早就对牒文上的这几个字烂熟于心。在牒文下方，有几处签名，类似于如今的"发证机关"及相关负责人的签名。其中"祭酒"这两个字后面写了一个"阙"，这是为什么？原来"祭酒"是一个官职，是国子监的主管官，而"阙"就是"缺"的意思，代表这个职位目前是空缺。

为何国子监的最高长官竟然空缺

　　这个故事还得从七百多年前说起。那时的周瑀刚进入太学，他对他的太学生牒牵肠挂肚，而彼时的朝堂之上，吵得不可开交。一个叫徐元杰的人义正词严地对宋理宗说："臣以为史嵩之的父亲去世了，史嵩之作为人子，必须辞去官职，回乡守孝三年，三年后才可回朝继续做官。

而作为人臣，史嵩之身居高位，必须给百官做出榜样……于公于私，史嵩之都不可越礼！"

徐元杰的这几句话颇有分量，他说得句句在理，但坐在龙椅上的宋理宗犯了难。朝廷此时正当用人之际，史嵩之功勋显赫，颇有才能，且他善于揣摩宋理宗的心思，处理政务总能达到宋理宗内心的期待值。这样一个人，让他回去守孝三年，岂不是可惜了？所以，宋理宗当时没有做出决断。可万万没想到，就在宋理宗搁置这件事的几天里，徐元杰的奏疏早已被传遍了朝野，一时间反对史嵩之夺情起复的声音日益高涨。而且有人在此时弹劾史嵩之，指责他"席宠怙势，殄灭天良""心术不正，行踪诡秘，力主和议，瓦解斗志，窃据宰位，处心积虑，居心叵测"。事情都发展到这种地步了，若坚持让史嵩之夺情起复，那朝廷还不乱了？为了安抚群臣，宋理宗只好放弃这个想法，并且对徐元杰的行为表示了高度赞赏，提拔徐元杰为国子祭酒。国子祭酒是国子监的最高长官。如果说周瑀读的太学是一所大学的话，那么身为国子祭酒的徐元杰就是大学校长。这场风波让徐元杰获得了群臣的称赞，在太学读书的周瑀也将徐元杰视为自己的榜样。但世事难料，淳祐五年（1245 年）六月初一，徐元杰任国子祭酒还不到一年，竟然暴病而亡。据传，徐元杰去世的时候，他的手指全部裂开，模样非常凄惨。而当年与徐元杰一起弹劾史嵩之的另外两位大臣，也相继暴病而亡，这不由得让人怀疑他们是被史嵩之所害。

也就是在这一年，周瑀得到了他梦寐以求的太学生牒，只是国子祭

雕漆镂空团扇 周瑀墓出土

酒处，原本应该是徐元杰的签字画押变成了一个"阙"字。为此，周瑀颇为伤感，也有些遗憾，但这太学生牒仍然被周瑀视为珍宝。遗憾的是，周瑀还在太学读书的时候，就身染重病，身体每况愈下，在他28岁这年，还是病逝了。周瑀的家人悲痛难忍，在给周瑀准备随葬品时，将他生前最为珍视的太学生牒放在了他的身旁。

到了现代，经专家反复比对，他们意外地发现周瑀墓中的太学生牒其实是再抄本。因为在宋代，太学生牒是绫纸，周瑀墓中的太学生牒却是绢本，而在盖印的地方，并不是真的印章，而是用了朱砂，拿笔写上去的。想必是周瑀的家人当初特意找人复制了一份，将正本留了下来，作为对周瑀的念想吧。由于周瑀是补入太学的，所以周瑀的太学生牒又被称为"补中太学生牒"。这件文物，再现了宋代教育制度和典章制度，具有文献学、史学的双重意义，是档案文献中的精品。

太学馒头

北宋时期的最高学府太学，自然少不了食堂，而太学食堂最著名的美食当数"太学馒头"。古代的馒头与我们现代人理解的不一样，大多数馒头是有馅料的包子，味道极为鲜美。有一次，宋神宗去太学视察，而那天太学食堂的菜谱上写着"当日吃馒头"，宋神宗一看就很有食欲，于是让人去帮他打了一份。

这太学馒头是一种肉馅的包子，皮薄馅大，有汤汁。宋神宗尝了一口，觉得味道异常鲜美，他赞美道："以此养士，可无愧矣！"这么好吃的馒头用来供养读书人，真是不错啊！

因为得到了当朝皇帝的"五星好评"，太学馒头很快就在汴梁（今开封）出了名，并在民间风靡一时，名声大振。

到了南宋，宋室南移，都城变成了临安（今杭州），但是太学馒头的风靡程度丝毫不减。据说岳飞的孙子岳珂在宫廷宴会中吃到了太学馒头，居然诗兴大发，写了一首赞颂太学馒头的七言诗，最后一句特别有趣，他写道："流涎聊复慰馋奴！"这太学馒头好吃到让人流口水啊！

宋代，私人讲学的书院大量产生。自宋代以来就有"四大书院"的说法，人们公认的四大书院为应天书院、岳麓书院、嵩阳书院、白鹿洞书院。你知道其中哪个书院，被宋仁宗改为南京（今河南商丘）国子监吗？

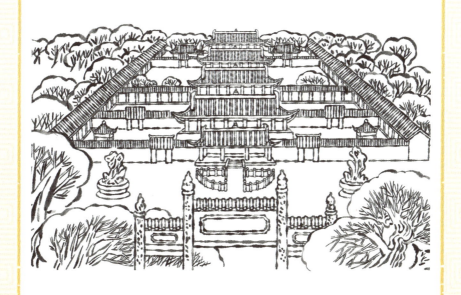

答案

第一章 字画中的风雅宋

第11页：A为文徵明楷书《千字文》；B为赵佶草书《千字文》；C为赵孟頫行书《千字文》；D为赵佶瘦金体《千字文》。

第23页：C. 石榴

第45页：巧取豪夺

第56页：

第69页：误，黄公望的《富春山居图》被后人誉为"画中之兰亭"。

第79页：黄（右四） 朝（右二） 师（右一） 还（右三）

第二章 聚珍赏萃尽显极致风流

第95页：A为清乾隆时期瓷器

第103页：磨穿铁砚

第111页：A. 望远镜

第119页：点茶

第127页：B. 辽 白釉刻花鸡冠壶 故宫博物院藏

第136页：乾闼婆 紧那罗

第147页：选A。A为宋代仙人龟鹤纹柄镜；B为唐代金银平脱四凤纹方镜；C为战国时期草叶纹四山字铜镜；D为汉代长贵富草叶镜。

第三章 显微镜下的历史细节

第159页：从左往右，第六个为枪。

第168页：A. 秦始皇

第178页：牡丹

第188页：木星

第197页：曹操《短歌行》中提到了杜康酒。

第207页：ABDC。A为秦代半两钱；B为唐代的开元通宝；C为清代银币；D为宋代的交子。

第215页：应天书院